JN231695

かんたんなのにおしゃれにできる！

レジン 魔法のテクニックBOOK

a.k.b. 著

河出書房新社

Introduction

おしゃれなアクセサリー作りに欠かせない「レジン」は
はじめてでも扱いが簡単。
失敗なく、クオリティの高いアクセサリーが作れます。

本書は、「シンプルな材料と簡単テクでいろいろ作れる!」をコンセプトに
デザインのヒントをたくさん紹介しています。

◯や△、□といったシンプルな型で作るPART.1。
◯の型で紹介されている作品も△型や□型でアレンジOK。

お気に入りの型を使い倒したい人にはPART.2。
型を使ったアイデアをたくさん紹介しているので
ひとつの型でもいろいろな使い方ができることが学べます。

そして、型を使わないテクニックを紹介しているPART.3。
アクセサリー材料を組み合わせて、より手軽にアクセサリー作りを楽しめます。

新しくUV-LEDレジンが登場し、
上質なアクセサリーが、より手軽に作れるようになりました。
本書に詰め込んだ「簡単なのにおしゃれに作れる!」アイデアを
楽しんでいただければ幸いです。

a.k.b.こと

apple head　サダミホ
キムラプレミアム　木村純子
blingbling pumpkins　白井由紀

Contents

レジンの基本レッスン

PART. 1 ○△□モールドひとつあれば

● テクニック用語について 本書で使用するレジンのテクニック用語について解説します。各作品に使用するテクニックを作り方ページの右上に表示していますので、難易度や準備の参考にしてください。

封入	レジンの着色	着色（硬化後）	ホールメイカー	マーブル

レジン液の中に封入パーツ（p.7）を入れて固めること。

液体のレジンに色をつけること。着色したものを本書では「着色レジン」と表記。

レジンが固まったあとにレジンパーツに色をつけること。

ホールメイカー（p.12）を使ってレジンの硬化と同時にカン（ホール）を作ること。

着色レジンを2色以上用意し、マーブル模様を作ること。

接着

レジンを接着剤として使うこと。※レジンパーツを作る際に使用する場合のみ表示。

コーティング

レジンを表面に塗って固め、コーティング加工をすること。ツヤ出しの効果もある。

◎レジンは手芸用として一般消費者向けに販売されているもの（UV-LEDレジン、UVレジン）を用い、使用に関する注意事項を守って利用してください。万一、体調に異変を感じたらすぐに使用を中止してください。本書では「星の雫」「太陽の雫」（いずれもパジコ）を推奨しています。

◎本書ではレジンを使ったレジンパーツの作り方を紹介しています。アクセサリーに仕立てる際に用いる金具類やビーズ・パーツ類については、目安となる材料を掲載していますが、サイズや色などは詳しく紹介していませんのでお好みのものを使用してください。

◎作品写真にはカラーバリエーションなどアレンジ作品も掲載しています。解説している作り方を参考にお好みの材料で制作してください。

レジンの基本レッスン

材料について

本書ではアクセサリー作りに適した UV-LED レジンを使用します。
UV レジンも同様の使い方ができます。
型や着色料、封入パーツなど作品に合わせて用意しましょう。

本書で使用するレジン

UV-LEDレジン、およびUVレジンは1液性の透明樹脂材料で、紫外線（UV）やLEDにより硬化するのがUV-LEDレジン、紫外線で硬化するのがUVレジンです。商品によって照射時間が異なるので、商品説明書を参考に取り扱いましょう。また、レジンは成分によって仕上がりの弾力性が変わります。作品の仕上がりや使うテクニックによってタイプを使い分けます。

■ ハードタイプ

硬化後、硬く固まるタイプ。ツヤ出しや仕上げのコーティングにも使う基本のタイプ。

（左）UV-LEDレジン 星の雫ハードタイプ／パジコ　（右）UVレジン 太陽の雫ハードタイプ／パジコ

■ ソフトタイプ

硬さに柔軟性があるので、しなやかで弾力のある仕上がりに。ハサミでのカットも可能。

（左）UV-LEDレジン 星の雫ソフトタイプ／パジコ　（右）UVレジン 太陽の雫ソフトタイプ／パジコ

硬化時間について

※レジンを着色した場合、サイズの大きなものは、下記より長く時間がかかります。

■ UV-LEDレジン 星の雫（ハードタイプ、ソフトタイプ）

光源	硬化時間
UV-LEDライト（6W〜9W使用時）	30〜90秒
UVライト（36W使用時）	2〜4分
太陽光	30〜90秒（晴天時）／3〜10分（曇天時）

■ UVレジン 太陽の雫（ハードタイプ、ソフトタイプ）

光源	硬化時間
UVライト（36W使用時）	2〜10分
太陽光	10〜30分（晴天時）／30〜60分（曇天時）

型（モールド）

透明な型にレジンを入れて固め、型どりしてアクセサリーのパーツを作ります。本書ではPART1、2で型を使ったアクセサリーを紹介しています。

■ プレート

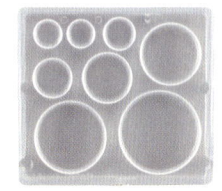

平らなパーツを作る。PART.1で丸、三角、四角のシンプルな形状の型使いを紹介。

◆ソフトモールド・丸プレート／パジコ

■ 立体

球体やキューブなど立体的なパーツが作れる。PART.2で紹介。

◆シリコーンモールド・球体／パジコ

■ モチーフ

ハートやジュエル、リングなどさまざまなモチーフのパーツが作れる。PART.2で紹介。

◆ジュエルモールド ミニ・ジュエリーカット ヘキサゴン／パジコ

■ パーツ

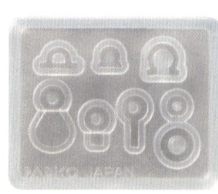

丸カンやボタン足、ゴム留めなどアクセサリーに仕立てる際に使うパーツをレジンで作れる。

◆ジュエルモールド ミニ・パーツ／パジコ

使える型について

NG

シリコーン製、またポリプロピレン（PP）製のものを使います。ゼリーの空き容器やタレビンなども型として使えます。紫外線やLEDを通すクリアタイプのものを選びましょう。

クリアタイプでないと紫外線やLEDが透過せず、硬化不良になります。

本書では UV-LED レジンを使った樹脂製のアクセサリーパーツの
作り方を紹介しています。はじめてレジンを扱う方はこちらのページに目を通し、
UV-LED レジンの特性や使い方について確認しましょう。

着色料

レジンの着色には専用着色料を使うのがおすすめです。
本書では液体タイプを使用しています。

レジン用着色料

液体なので混ざりやすく、混色もしやすい。硬化後の着色にはパールカラーが向く。
◆宝石の雫／パジコ

レジンの着色

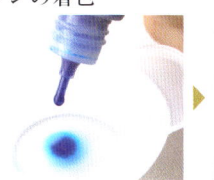

レジンにレジン用の着色料を垂らし、調色スティックや楊枝で混ぜる。宝石の雫はドロッパー容器なので1滴ずつ垂らせる。

アクリル絵の具

硬化後のレジンパーツに色をつけるときに使う。

油性ペン、顔料ペン

硬化後のレジンパーツに色をつけたり、文字を書いたりするときに使う。

硬化後の着色

宝石の雫をスポンジにとり、着色する。ニュアンスのある質感が出せる。

ペンやアクリル絵の具でレジンパーツに塗る。背景色を濃い色にしたいときに利用する。

封入パーツ

レジンの中にビーズやドライフラワーなどお気に入りのパーツを閉じ込めることを「封入」といいます。本書でよく使っているものを紹介します。

ホログラム・スパンコール

キラキラと華やかに仕上げたいときに。丸や星など形もさまざま。ネイルアート用の素材に多い。

ラメ

ホログラムよりも細かいので着色にも使える。
◆星の欠片／パジコ

箔・ネイル用ホイル

シックな雰囲気に仕上がる箔。金箔、銀箔以外にもさまざまなカラーがある。

無穴パール

ビジュー感の出るパールビーズ。穴のない無穴タイプを選ぶとよい。

ドライフラワー

可憐な雰囲気が作れるフラワー素材。押し花なども使える。

メタルパーツ

メタルチャームとも呼ばれる金属パーツ。フレームパーツからモチーフのあるものまで種類が豊富。

両面シール

両面シールは表裏なく仕上げたいときに便利。
◆レジンクラブ／イングカワモト

道具について

レジンパーツを作る際に用意する道具を紹介します。
あると便利なのがUV-LEDライト。それ以外は身近なものを使って
作れますので、それぞれの用途を確認し、必要に応じて用意しましょう。

基本の道具

ここで紹介する道具を用意しておけば、たいていのレジンパーツは作れます。
代用できるものも紹介しています。

☑ UV-LEDライト

レジンを固めるときに使う。なければ太陽の紫外線に当てて硬化させる。
◆UV-LEDハンディライト／パジコ

☑ 調色パレット

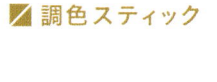

レジンを着色するときに使うパレット。注ぎ口がついているので便利。クリアホルダーや紙コップでも代用可。
◆調色パレット／パジコ

☑ 調色スティック

UVレジンを混ぜたり、気泡をつぶしたり、封入パーツの位置を調整したりするのに使う。楊枝でも代用可。
◆調色スティック（2本セット）／パジコ

☑ 楊枝

調色スティックの代用に使う。

☑ クリアホルダー

レジンが付着しても硬化したらきれいにはがせるので、作業台として使う。適当な大きさにカットして使うとよい。

☑ 作業用シート

カットしたクリアホルダーにマスキングテープの粘着面を上にして貼ったもの。パーツがずれないので作業しやすい。フレーム金具にレジンを流し入れるときには必須。

☑ ピンセット

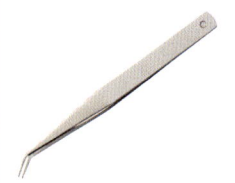

封入パーツを入れるときに使う。薄いシートを置いたり小さなパーツを配置するのにあると便利。

☑ ハサミ

シート類をカットしたり、ソフトタイプのレジンを型どりしたときのバリ取りなどに使う。

☑ ヤスリ

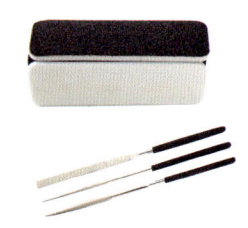

型どり後、硬化したレジンの鋭利な部分やバリ取りに使う。ネイルファイルでOK。

☑ レジンクリーナー

硬化する前のレジンの拭き取りや、硬化後の離型剤として使う。エタノールでも代用可。
◆レジンクリーナー／パジコ

☑ レジン拭き取りに使える用品

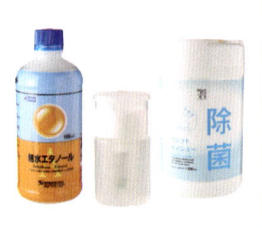

無水エタノールをディスペンサーに入れ、ティッシュに含ませて使うと便利。アルコールタイプのウェットティッシュでも代用可。

☑ 接着剤

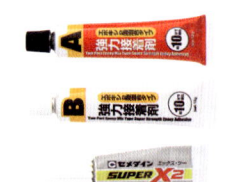

硬化したレジン同士やレジンパーツと金具の接着に使う。樹脂の接着に向くものを選ぶ。

あると便利な道具

作業のしやすさや作業時間の短縮になる道具です。

◢ エンボスヒーター

120～250℃の高温温風が出るヒーター。レジン液の気泡抜きに使う。

◢ ポンポンスタンド

パーツを置いて使う。スタンドに指が入るので持ち上げやすく、塗りづらい面も作業しやすくなる。

◆ポンポンスタンド／パジコ

キャップにマスキングテープの粘着面を表にしてつけたもの。ポンポンスタンドの代用に使う。

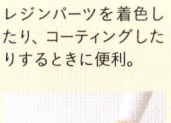

レジンパーツを着色したり、コーティングしたりするときに便利。

作品によって用意する道具

作品によって必要になる道具です。

◢ 筆

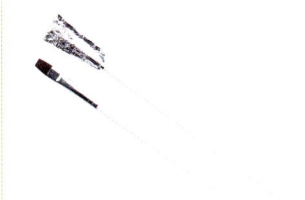

レジンを塗ったり、薄くのばしたりするときに使う。使用後はレジンクリーナーや無水エタノールで拭き取り、キャップやアルミホイルを巻いて保管する。

◢ ポンポンアタッチメント

硬化後のレジンパーツを着色するときに、宝石の雫の容器にパフをセットして直塗りできる。スポンジやメイク用チップでも代用可。

◆ポンポンアタッチメント／パジコ

◢ 細ノズル

レジンボトルのノズルに装着するとレジンを細く出すことができる。

◆ノズルアタッチメント細ノズル＆ヘラ／パジコ

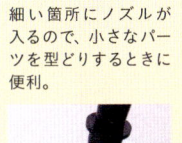

細い箇所にノズルが入るので、小さなパーツを型どりするときに便利。

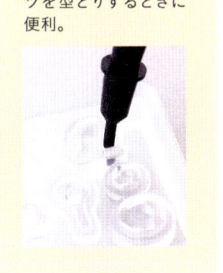

レジンパーツに穴をあける道具

硬化したレジンパーツにピンやヒートンを刺すときは穴をあける道具が必要です。

◢ ピンバイス

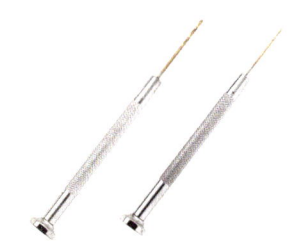

細い穴あけの作業をするためのハンドドリル。

◢ 電動ルーター

電動のピンバイス。穴あけするパーツが多かったり、貫通させたいときにあると便利。

ここで紹介している道具はレジンパーツを作るためのものです。アクセサリーに仕立てる際はつなぎ金具や道具が必要です（p.92参照）。

レジンの基本プロセス

レジンパーツを作る基本プロセスを紹介します。
ここで道具の使い方やきれいに仕上げるコツを確認しましょう。
※本書の作り方の説明ではUV-LEDレジン、およびUVレジンは「レジン」と表記しています。

1

調色パレットにレジンを出す。

CHECK!
調色パレットがない場合は、クリアホルダーを適当なサイズに切って代用できる。

2

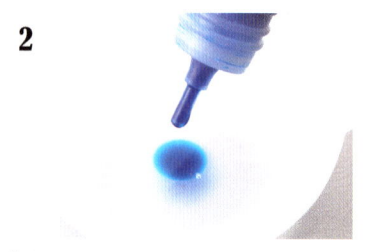

着色料を加える。ここでは宝石の雫（シアン）を使い、透明感のあるブルーを作る。

3

調色スティックで着色料を少しずつ混ぜ、好きな色に調整する。本書では色をつけたレジンを「着色レジン」と記載。

CHECK!
調色スティックがない場合は、爪楊枝や竹串で代用できる。

4

着色レジンができたところ。

マットカラーにする場合　マットな色を作る場合は宝石の雫(ホワイト)を混ぜます。

1

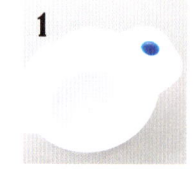

調色パレットにレジンを出し、着色料を2色パレットに出す。

2

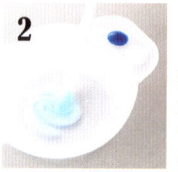

調色スティックで着色料を少しずつ混ぜ、好きな色に調整する。

5

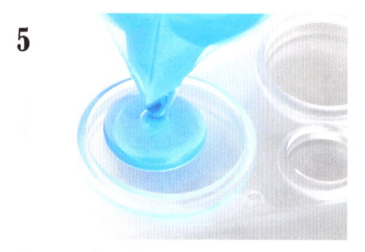

型（モールド）に着色レジンを入れる。

6

型の縁まで入れる。型からはみ出るとバリができて処理が必要になるので注意する。

CHECK!

まだ着色レジンを使う予定がある場合はアルミホイルをかぶせて硬化を防ぐ。

7

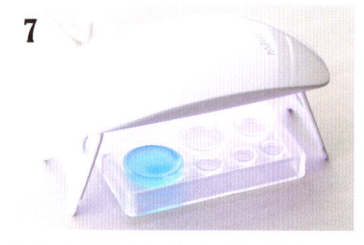

ライトの下に型を置き、ライトを照射してレジンを硬化させる。

CHECK!
推奨硬化時間は商品やメーカーによって違うので、商品の取り扱い説明書に準じる。

8

硬化したら、型から外す。レジンパーツのできあがり。つなぎ金具をつけ（p.12参照）、アクセサリーに仕立てる。

CHECK!
軽く触ってベタつくようなら、硬化が足りないので、再度ライトを照射する。

9

着色レジンが余ったらお弁当用や製菓用のシリコーンカップなどに入れ、光を通さないふた付きの容器で保存する。量がわずかであればライトで固め、処分する。

立体型を使う場合

球体や三角錐、キューブなど深めの型を使うときのポイントを紹介します。

ライトを2回当てる

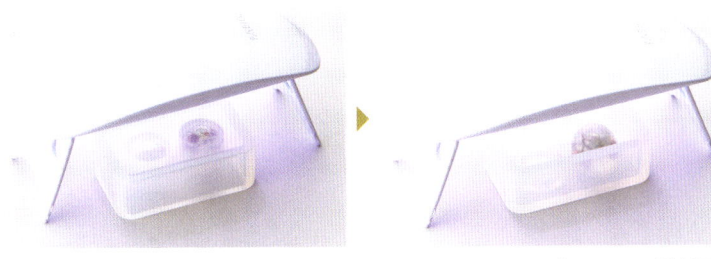

球体や三角錐、キューブなど厚みのあるモールドを使う場合は、1回硬化したあと、型を返して底側からもライトを照射する。

CHECK!

濃い色は硬化しづらいので、中がやわらかければレジンパーツに直接ライトを照射する。
※光源を直接見ないようアルミホイルでさえぎる。

離型剤を使う

1

型から外す前にエタノールを型とレジンパーツの間に垂らす。

2

型を底側から指でもむようにしてエタノールをなじませる。

3

型の底を押し出すようにして、レジンパーツを取り出す。

CHECK!

離型剤はエタノールのほか、レジンクリーナーが使える。型の変形を防ぎ、劣化しづらくなるので、立体型以外でも使用してもOK。

気泡ができた場合

気泡があると硬化後に気泡がつぶれて穴があいてしまうので、固める前に取り除きましょう。

1

大きいものは調色スティックを刺してつぶし、小さなものはすくい取るようにする。

2

エンボスヒーターで温めると手早く気泡を除去できる。
※星の雫は数時間〜半日程度置いておくと気泡が抜ける。光が当たらないように注意する。

バリができた場合

型からはみ出て固まったレジンをバリと呼び、取り除く必要があります。

1

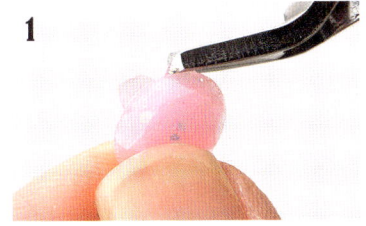

型からはみ出て固まったレジン（バリ）は手で取り除いたり、ハサミでカットする。厚みのある場合はニッパーでカットする。

2

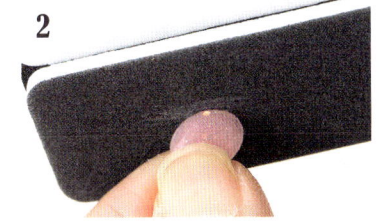

カットした箇所をヤスリ（バッファー）でなめらかに整える。

レジンの取り扱いについて

※太陽光の当たる場所では作業せず、また作業中や硬化中は、換気をしてください。

※レジンが肌に触れないように作業してください。肌荒れやかぶれの原因になることがあります。手袋を着用して作業することをおすすめします。

※衣類につくと取れないので、付着しないよう注意してください。

※ライトでの照射直後はレジンが非常に熱くなっていますので、少し時間をおいて冷めてから触るようにしてください。

つなぎ金具・カンのつけ方

レジンをアクセサリーに加工するには、用途に応じて穴をあけたり、つなぎ金具をつけたりします。硬化後に作業する場合と、硬化前に作業する2パターンがあります。

ヒートン・9ピン

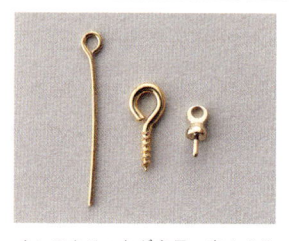  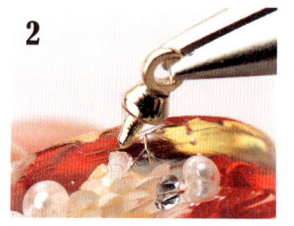 

カンのあるつなぎ金具。左から9ピン、ヒートン、デザインヒートン。

1 レジンパーツにピンバイスやルーターで穴をあける。

2 接着剤、またはレジンをつけたヒートンを穴に刺す。

3 レジンでつけた場合はライトを照射する。

カン付きプレート

パーツに貼って使うつなぎ金具。左はメタルパーツ、右はレジンパーツ。

1 レジンで型どりしたカン付きのプレートにレジンを塗る。

2 カンだけが出るようにレジンパーツの裏にのせ、ライトを照射する。

3 作品が透明な場合、つなぎ金具もレジンで作った透明なタイプが向く。

ホールメイカー

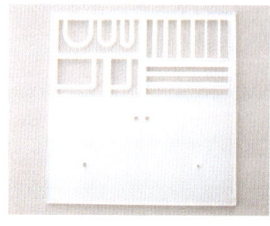 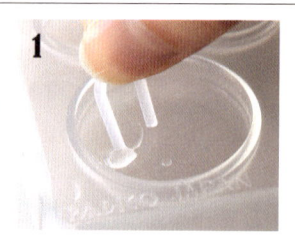 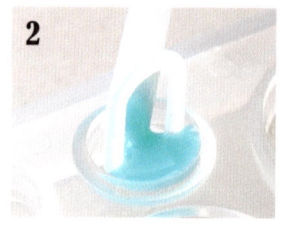 

直径1～3mmの丸穴が作れるシリコーン製の型。

1 使用するホールメイカーをカットし、レジンをつけて型に垂直に立てライトを照射する。

2 ホールメイカーがついた型にレジンを入れ、ライトを照射する。

3 硬化したらホールメイカーを抜き、型から取り出す。穴のあるレジンパーツができる。

クランクヒートン

 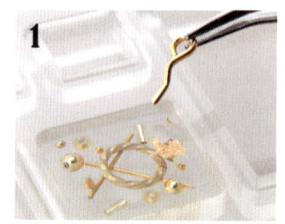  

ヒートンを埋め込んでレジンを固めるため、硬化後の穴あけ作業が省ける。

1 型にレジンを入れ終えたら、クランクヒートンを置く。

2 クランクヒートンを半分封入した状態でライトを照射する。

3 型から取り出す。ヒートン付きのレジンパーツができる。

レジンの使い方

Q & A

Q 型どりしたレジンに透明感がありません。

A 型が劣化していると曇りやすくなります。曇りやすくなったら型の取り替えサインです。曇ったレジンパーツには、レジンを筆で塗ってコーティングすると透明感が出ます。

Q 型どりしたら、表面にシワがよってしまいました。

A レジンは硬化するときに必ず収縮するので、型の柔軟性がないとシワがよりやすくなります。とくに大きなサイズの型でよく起こります。ハードタイプのほうがソフトタイプより収縮は大きくなります。

Q 専用のライトで固めたのですが、ベタベタします。

A レジンパーツのサイズが大きかったり、着色レジンの色が濃かったりマットな色の場合は、硬化に時間がかかることがあります。ベタつきが気になったら、再度ライトを照射してください。なお、使用するレジンの種類によってはライトが合っていない場合もあります。

Q 接着剤として使えますか？

A 本書でもレジンパーツにビーズや金具をつけるのに使用しています。ヒートンや9ピンなどのつなぎ金具をつけるほか、レジン同士を接着したり(p.23参照)、透明度のあるレジンパーツにはパールやスタッズ、アクリルパーツなどを接着することもできます(p.51、p.77など参照)。ただし、ポリエチレン、ポリプロピレン、PET、テフロン、シリコンゴムなどには接着しません。

Q 型からレジンがはみ出たまま固まってしまいました。

A はみ出たレジン(バリ)が大きければ、ニッパーなどでカットし、切り口をヤスリで削りましょう。ソフトタイプのレジンのバリは、ハサミで簡単に切ることができます。

Q レジンへの封入に不向きなものはありますか？

A 油分や水分のあるものはレジンとの相性が悪いので封入には向きません。また印刷したペーパーはにじむ場合があります。専用のコート液を塗ってレジンのにじみを防ぎます。

Q レジンの着色には専用の着色料以外のものは使えますか？

A ガラスや金属の絵付け用の溶剤系着色料やエナメル塗料などが使えます。液体タイプ以外にもパウダータイプの顔料も使えます。ただし、「透明顔料」などの光を通すものでないと硬化不良になります。

Q レジン作品が黄色く変色してしまいました。

A レジン作品はレジンの性質上、経年によって黄変(変色して黄ばむこと)し、商品によっても黄変しやすさが異なります。作品を置いている環境によっても変わりますが、紫外線が当たりやすい場所に置いておくと黄変が早まりやすいといわれています。UVレジンに比べ、UV-LEDレジンのほうが黄変しにくく、透明度の高い作品にはおすすめです。

01
—
p.16

三角ピアス

02
—
p.16

ロングバー
チャームの
イヤリング

03
—
p.17

クリア×メタルの
アクセサリー

■ ● ▲ PART.1 ▲ ● ■

○△□モールドひとつあれば

丸、三角、四角のモールドで、プレート状に型どりした作品を紹介。
封入や着色、ホールメイカーなどちょっとしたテクニックを使えば
いろいろなアイデアやデザインが楽しめます。

04
—
p.20

プレートビーズの
セットアクセサリー

05
—
p.22

プレート重ねの
アクセサリー

06
—
p.24

チーズのセット
アクセサリー

07
p.26

ハーフプレートの
ピアス

08
p.28

星月夜の
ブローチ

09
p.30

切子風の
アクセサリー

10
p.32

ゆらぎの
スクエアピアス

11
p.34

カラーチップの
フープピアス

12
p.36

クリア&
マットな
パステルピアス

ソフトモールド
丸プレート

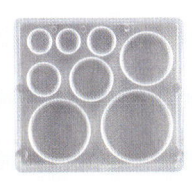

（使用ページ）　**p.19　p.21　p.23
p.27　p.29　p.31　p.37**

ソフトモールド
三角形

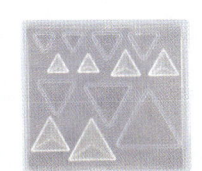

（使用ページ）　**p.18　p.23　p.25　p.27**

ソフトモールド
四角プレート

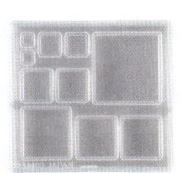

（使用ページ）　**p.18　p.23　p.25
p.29　p.31　p.33　p.35**

—— DESIGN ——
blingbling pumpkins

三角にカットした透明折り紙を
三角の型に封入して作ります。
少しラメを散らして
シックに仕上げました。

—— DESIGN ——
apple head

耳元でゆらゆら揺れるデザインだから、
表裏のない両面シールを封入。
丸型は7サイズあるので
好きな大きさで作れます。

{ ITEM }
03
クリア×メタルの
アクセサリー

—— DESIGN ——
apple head

キラキラ輝くゴールドのパーツは、
クリアなレジンと好相性。
硬化時に埋め込むクランクヒートン使いで
アクセサリーの仕立てがラクに。

01 三角ピアス

材料
レジン …… 星の雫ハードタイプ /パジコ
型 …… ソフトモールド・三角形 /パジコ
封入パーツ …… 透明折り紙
封入用ラメ …… 星の欠片（シルバー） /パジコ
アクセサリー金具 …… フープピアス

道具
基本の道具(p.8)、ルーター

03 クリア×メタルの アクセサリー

材料
レジン …… 星の雫ハードタイプ /パジコ
型 …… ソフトモールド・四角プレート /パジコ
封入パーツ …… Tピン（9ピン）、デザイン丸カン、
　　樹脂カラーパール（ゴールド）、竹ビーズ、
　　特小ビーズ、ブリオン、メタリックホイル
つなぎ金具 …… クランクヒートン（ゴールド） /パジコ、
　　デザイン丸カン、丸カン、カニカン
アクセサリー金具 …… メタルリングピアス、リングパーツ

道具
基本の道具(p.8)、ニッパー

1

型（25mm）に合わせて透明折り紙を三角にカットする。

2

適当な形にカットする。ここでは三角形にカットする。

3

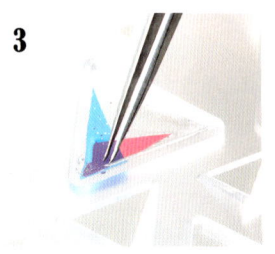

レジンを型の1/2ほど入れ、**2**を配置し、ラメを散らす。

> **POINT!**
> 折り紙の辺を型の辺に沿わせて配置するとよい。

4

レジンを型の縁まで入れ、ライトを照射して固める。硬化したら取り出す。

5

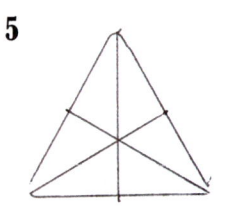

紙（材料外）などに硬化したレジンパーツの枠線を引き、中心線を引く。

6

レジンパーツを置き、中心に印をつける。ルーターで印に穴をあけ、フープピアスを通す。

1

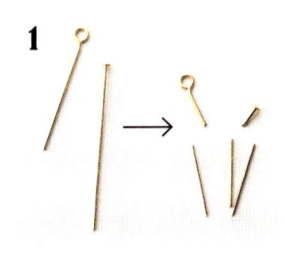

Tピン（または9ピン）は頭の部分をニッパーでカットし、シンプルなバー状にする。

2

封入パーツを用意する。

3

レジンを型（15mm）の縁まで入れ、封入パーツを入れる。調色スティックでパーツの位置を整える。

4

クランクヒートンを型の角に置き、ライトを照射して固める。ブレスレット用は型の対角線上に2つ置いて固める。

5

型から取り出す。デザイン丸カンでピアス金具とつなぐ。

6

ブレスレットは20mmで1個、15mmで2個作り、リングパーツとカニカンを丸カンでつなぐ。

02 ロングバーチャームのイヤリング

［材料］

レジン ⋯⋯ 星の雫ハードタイプ /パジコ
型 ⋯⋯ ソフトモールド・丸プレート /パジコ
両面シール ⋯⋯ レジンクラブ・ドライフラワー(ホワイト)、
　　蝶、ミモザなど /イングカワモト
つなぎ金具 ⋯⋯ 9ピン(長さ3cm)、丸カン
アクセサリー金具 ⋯⋯ イヤリング金具(カン付き)

［道具］

基本の道具(p.8)、ピンバイス、洗濯バサミ

PART.1 ○△□モールドひとつあれば

1

封入用の両面シールを用意する。遠景用(左)と近景用(右)で2種類。

2

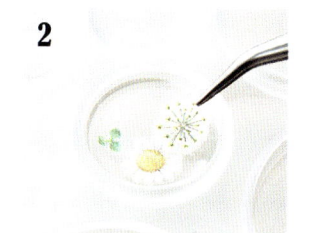

レジンを型(20mm)の1/3ほど入れてライトを照射して固める。硬化後に遠景用の両面シールを貼る。

3

レジンを型の2/3まで入れ、ライトを照射して固める。

4

硬化後に近景用の両面シールを貼る。

5

型の縁までレジンを入れ、ライトを照射して固める。

6

硬化したら型から取り出す。通常は型の底を表に使うが、ここでは逆(型の縁側)を表にする。

7

ピンバイスで深さ3mmほど穴をあける。

POINT!

レジンをつけた9ピンを穴に刺し、穴の周りにレジンをつけると曇りが取れ、透明感のある仕上がりに。

8

レジンをつけた9ピンを刺して固める。

9

洗濯バサミでレジンパーツを挟み、パーツを立てた状態でライトを照射して固める。

10

丸カンでイヤリング金具とつなぐ。

advice

透明のレジンパーツを作るときは、裏表がないように両面シールを使うようにしましょう。型を使ってシールを封入する際、通常はシールの表を型の底に向け、近景、遠景の順に入れますが、透明のレジンへの封入は、遠景、近景の順でOK(4参照)。配置を確認しながら作業ができます。

{ ITEM }

04

プレートビーズの
セットアクセサリー

—— DESIGN ——
キムラプレミアム

パステル調のやさしいカラーが
魅力のアクセサリー。
ボタンを作るような要領で、
ホールメイカーを使って型どりします。

04 プレートビーズのセットアクセサリー

材料

レジン ····· 星の雫ハードタイプ /パジコ
型 ····· ソフトモールド・丸プレート /パジコ
穴の型 ····· ホールメイカー /パジコ
着色料 ····· 宝石の雫 /パジコ
　ターコイズ（シアン、イエローグリーン、ホワイト）、
　オフホワイト（ホワイト、イエロー）、
　ピンク（ピンク、ホワイト、イエロー）、
　グレー（ブラック、ホワイト）

つなぎ金具 ····· 丸カン
アクセサリー金具 ····· チェーン（5cm）、
カニカン、ピアス金具（丸皿付き）

道具
基本の道具(p.8)

1

着色レジンを2色（写真はターコイズとオフホワイト）用意する。

2

ホールメイカー（G）の先に無着色のレジンをつけ、型（12mm）に垂直に立てる。

3

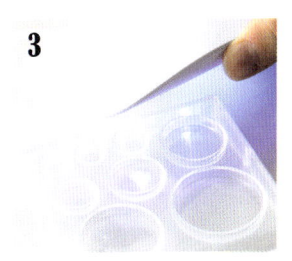

ライトを照射してホールメイカーを仮どめする。

4

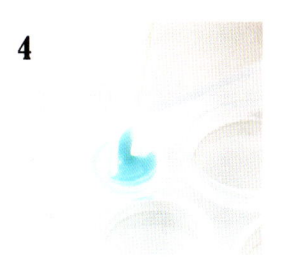

着色レジンを型に流し入れる。

5

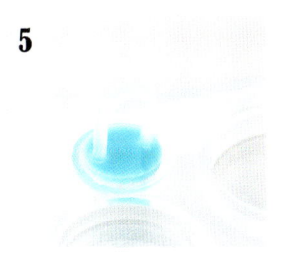

型の縁まで入れたら、ライトを照射して固める。

6

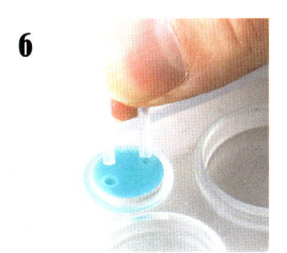

硬化したらホールメイカーを抜き、型から取り出す。

7

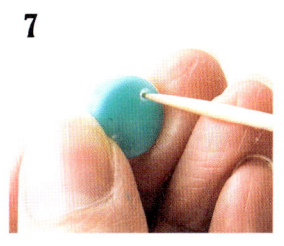

ホールメイカーを仮どめしたレジンが穴をふさいでいるので、楊枝などで貫通させる。

8

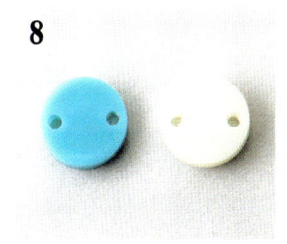

2穴のレジンパーツができたところ。ブレスレットの場合は2色で5個ずつ作る。

9

2色を交互に丸カン3個でつないでいき、チェーンとカニカンを両端にそれぞれ丸カンでつなぐ。

10

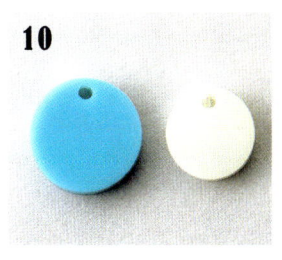

ピアスの場合は、ホールメイカー（B）を使い、12mmと15mmの型で作る。

11

丸カン3個でつなぎ、12mmのプレートの裏にピアス金具を接着剤でつける。

05

プレート重ねの
アクセサリー

—— DESIGN ——

apple head

フューチャリスティックなデザインは
蛍光カラーが決め手。
軽やかなマル、サンカク、シカクを
自由に組み合わせて。

05 プレート重ねのアクセサリー

材料

レジン ‥‥‥ 星の雫ハードタイプ /パジコ
型 ‥‥‥ ソフトモールド・丸プレート、三角形、
　四角プレート /パジコ
穴の型 ‥‥‥ ホールメイカー /パジコ
着色料 ‥‥‥ 宝石の雫
　（ネオングリーン、ネオンピンク、ホワイト）/パジコ
封入パーツ ‥‥‥ 無穴パール（1.5mm・好みの色）、
　星の欠片（好みの色）/パジコ
アクセサリー金具 ‥‥‥ フープピアス

道具

基本の道具(p.8)

1

ホールメイカー（B）の先にレジンをつけて丸プレートの型（12mm）に垂直に立て、ライトを照射して固める。

2

着色レジンを型の縁まで入れ、ライトを照射して固める。

3

硬化したらホールメイカーを抜き、型から取り出す。楊枝などで穴を貫通させる。

4

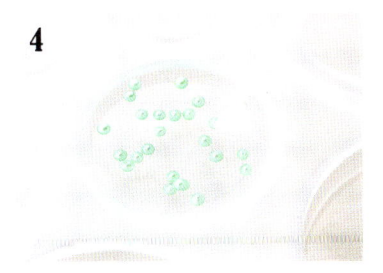

丸プレートの型（20mm）にレジンを型の縁まで入れ、無穴パールを散らす。調色スティックで整え、ライトを照射して固める。

5

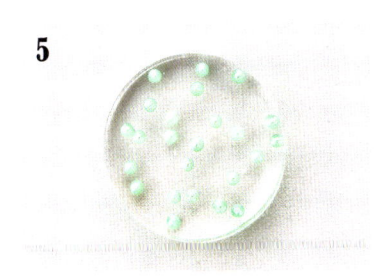

硬化したら型から取り出す。

6

ラメ（星の欠片）を封入したもの。

6

3のレジンパーツを重ねる箇所にレジンをつける。

7

レジンパーツを重ね、ライトを照射して固める。

8

ホールメイカーで穴をあけたレジンパーツ（写真は三角形・10mm）を合わせ、フープピアスに通す。

チーズのセットアクセサリー

—— DESIGN ——

キムラプレミアム

穴あきチーズの代表、エメンタールチーズをモチーフにしたアクセサリー。
遊びゴコロを取り入れたい気分にぴったり。

06 チーズのセットアクセサリー

［材料］
レジン ⋯⋯ 星の雫ハードタイプ /パジコ
型 ⋯ ソフトモールド・三角形、四角プレート /パジコ
穴の型 ⋯⋯ ホールメイカー /パジコ
着色料 ⋯⋯ 宝石の雫 /パジコ
　黄色（イエロー、ホワイト）、オレンジ（オレンジ、ホワイト）
つなぎ金具 ⋯⋯ 丸カン
アクセサリー金具 ⋯⋯ フープピアス、ネックレスチェーン

［道具］
基本の道具(p.8)

PART.1　○△□モールドひとつあれば

1

黄色やオレンジなどチーズの色に着色したレジンを用意する。

2

ホールメイカー（A）の先に無着色のレジンをつけ、三角形の型の角の中心に垂直に立て、金具を通す穴を作る。

3

型にいくつかホールメーカーを仮どめする。辺のギリギリにもつけて縁が欠けたデザインにするのもポイント。

4

着色レジンを型に流し入れ、ライトを照射して固める。

5

硬化したらホールメイカーを抜き、型から取り出す。

6

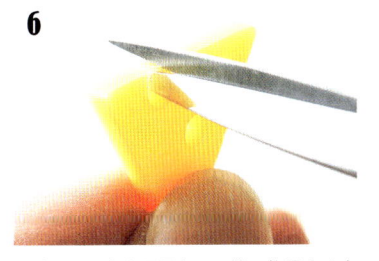

楊枝などで穴を貫通させ、端に位置する穴はハサミでカットし、縁が欠けたデザインにする。

7

ピアスは20mmの型で2個作り、フープピアスに通す。

8

ネックレスは25mmの型で、アジャスター用のパーツは10mmの型にホールメイカー(B)で作る。穴に丸カンを通し、チェーンとつなぎアクセサリーに仕立てる。

ARRANGE

四角プレートの型で作ったもの。ネックレスは25mm（アジャスターは10mm）、ピアスは15mmの型で作る。

{ ITEM }

07

ハーフプレートのピアス

—— DESIGN ——
キムラプレミアム

ホールメイカーを型の仕切りに使って
ハーフパーツを一度に2つ作ります。
フェミニンな半円タイプと、
クールな三角タイプをお好みで。

07 ハーフプレートのピアス

材料

レジン ……星の雫ハードタイプ /パジコ
型 ……ソフトモールド・丸プレート、三角形 /パジコ
型(仕切り用) ……ホールメイカー /パジコ
着色料 ……宝石の雫 /パジコ
　ピンク(ピンク、ネオンピンク、ホワイト)、
　紫(パープル、ネオンピンク、ホワイト)、
　青(シアン、ホワイト)、白(ホワイト)、
　ベージュ(ブラウン、イエロー、ホワイト)、
　グレー(ブラック、ホワイト)、
　緑(グリーン、ホワイト)、茶(ブラウン)
チャーム ……タッセル、チェーン
つなぎ金具 ……9ピン、丸カン、Cカン
アクセサリー金具 ……ピアス金具(丸皿付き)

道具

基本の道具(p.8)、紙ヤスリ(600番)、ピンバイス

1

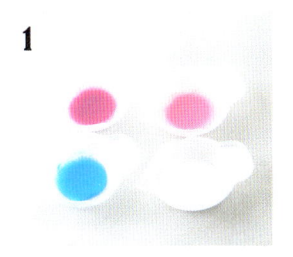

着色レジンを2～4色(写真は紫、ピンク、青、白)用意する。

2

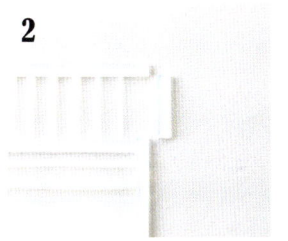

ホールメイカーの周囲の枠部分を20mmにカットし、仕切りとして利用する。

3

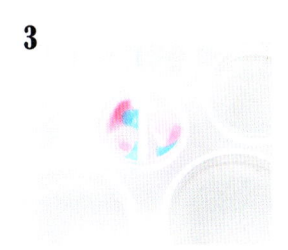

丸プレートの型(20mm)の中央にセットし、白以外の3色をところどころに調色スティック(ヘラ)で置くように入れる。

4

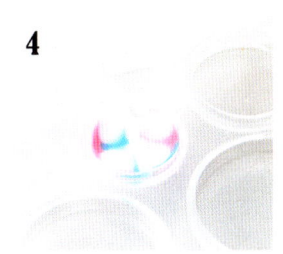

空いたところに白を入れる。白はほかの3色よりも多めに入れるとよい。

5

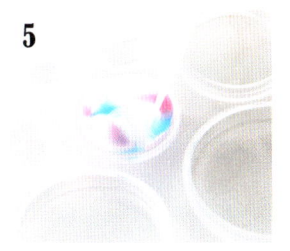

3、4を繰り返して型の縁まで入れ、調色スティック(ニードル)で軽く混ぜ、マーブル状にしてライトを照射して固める。

6

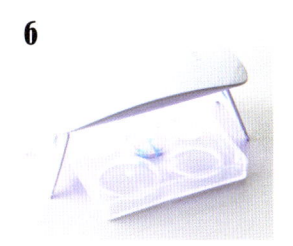

型の裏からもライトを照射する。マットカラーは硬化しづらいので、型の両面にライトを当てるとよい。

7

型から取り出す。仕切りをした側にバリができやすい。バリが大きければハサミやニッパーでカットし、ヤスリで削る。

8

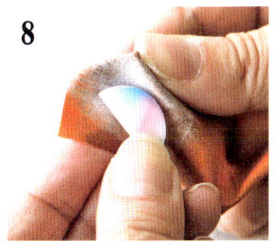

全体を紙ヤスリでヤスリがけをし、表面をつや消しする。

ARRANGE

9

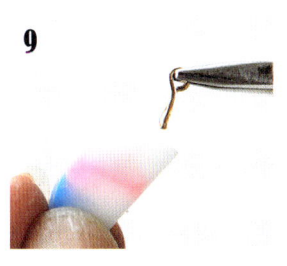

ピンバイスで穴をあけ、レジンをつけた9ピンを刺し込み、ライトを照射して固める。

10

接着剤でピアス金具をつけ、タッセルを丸カンで9ピンにつなげる。

三角形の型(25mm)の中央に20mmにカットしたホールメイカーをセットし、着色レジン2色でマーブルにして固める。

接着剤でピアス金具をつけ、長さ4cmにカットしたチェーン4本をCカンで9ピンにつなげる。

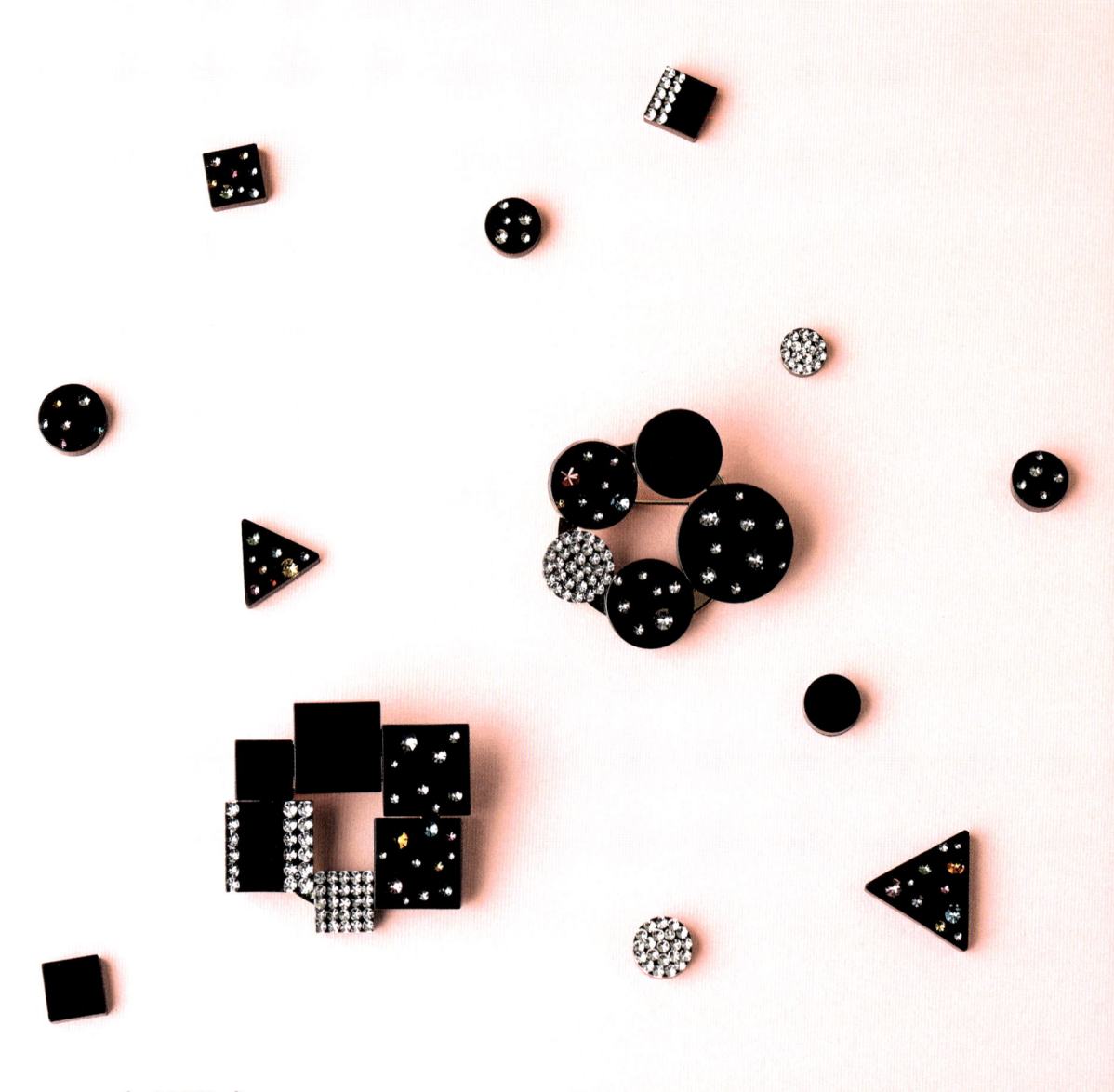

星月夜のブローチ

—— DESIGN ——
blingbling pumpkins

コーディネートの主役になる
存在感たっぷりのブローチ。
クリスタルの輝きをノーブルな
ブラックでより引き立てます。

08 星月夜のブローチ

材料

レジン …… 星の雫ハードタイプ /パジコ
型 …… ソフトモールド・丸プレート、四角プレート /パジコ
着色料 …… 宝石の雫（ブラック）/パジコ
スワロフスキー・クリスタル …… ♯1028（PP6〜PP18・好みの色）
アクセサリー金具 …… メタリングブローチ（30.5cm）

道具

基本の道具(p.8)

全面敷き詰める場合の必要個数

◆丸プレート
A（直径10mm）PP13 …… 21個
B（直径12mm）PP13 …… 30個
D（直径15mm）PP17 …… 30個

◆四角プレート
B（10mm角）PP13 …… 1列5個 全面25個
C（15mm角）PP18 …… 1列6個 全面36個

1 スワロフスキー・クリスタル♯1028を好きなサイズとカラーで用意する。

2 調色パレットにレジンを少量出す。ピンセットでスワロフスキー・クリスタルをつまみ、表面にレジンを薄くつけ、四角プレートの型に並べる。

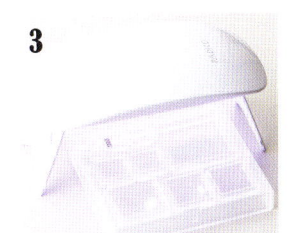

3 ライトを照射して、スワロフスキー・クリスタルを固定する。

4 調色パレットにレジンを足し、宝石の雫（ブラック）で黒く着色する。

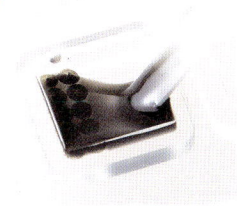

5 着色したレジンを型の縁まで入れ、ライトを照射する。さらに、型を裏返し、型の裏からもライトを照射して固める。

6 型から取り出す。

7 10mmで2個、15mmで4個、封入するスワロフスキー・クリスタルを変えて作る。

8 接着剤でブローチにつける。

ARRANGE

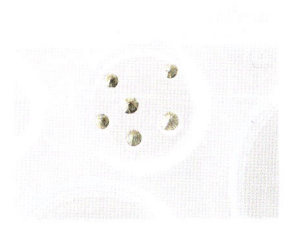

ランダムに散らす場合も、表面にレジンを薄くつけて型に置き、固定する。型の底（表面側）から確認しながら行うとよい。

スワロフスキー・クリスタルを固定してから着色レジンを型に入れ、硬化する。

ランダムにマルチカラーを入れたもの。

丸プレートの12mmで1個、15mmで3個、20mmで1個作り、接着剤でブローチにつける。

09

切子風のアクセサリー

—— **DESIGN** ——

キムラプレミアム

レジンパーツにネイル用の細いテープを使ってマスキング。
幾何学模様を手軽に作ることができます。
凛とした切子風のデザインを楽しんで。

09 切子風のアクセサリー

[材料]

レジン ⋯⋯ 星の雫ハードタイプ ／パジコ
型 ⋯⋯ ソフトモールド・丸プレート、四角プレート ／パジコ
ゴム留めの型 ⋯⋯ ジュエルモールドミニ・パーツ ／パジコ
着色料 ⋯⋯ 宝石の雫（パールカラーの好みの色）／パジコ
マスキング ⋯⋯ ネイル用ラインテープ（1mm）
アクセサリーパーツ ⋯⋯ ヘアゴム、ピアス金具（丸皿付き）

[道具]

基本の道具(p.8)、方眼マット、
ポンポンアタッチメント ／パジコ、ポンポンスタンド ／パジコ

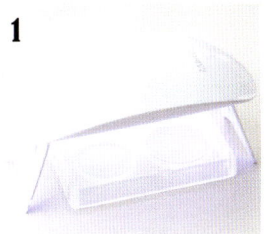

1

レジンを型に流し入れ、ライトを照射して固める。※ヘアゴムの場合は丸プレート（30mm）、四角プレート（25mm）を推奨。

2

型から取り出し、裏面にラインテープを貼って模様を作る。方眼マットなどの上で作業するとよい。

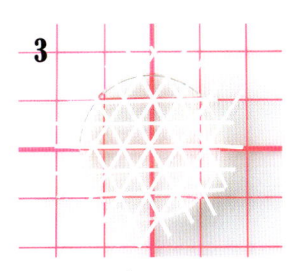

3

ラインテープを貼ってマスキングしたところ。

4

ポンポンスタンドに**3**をのせ、ポンポンアタッチメントを宝石の雫の容器に装着し、ラインテープの上から着色する。

ARRANGE

5

乾いたら、2〜3度重ね塗りをし、しっかりと色をつける。

6

完全に乾いたら、テープを1枚ずつ丁寧にはがす。

7

2色にする場合は、**6**のあとに、違う色で着色する。写真ではブルーで着色後、シールをはがしてゴールドを着色。

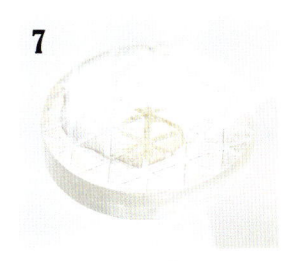

着色面にレジンを薄く塗り、ライトを照射して固める。

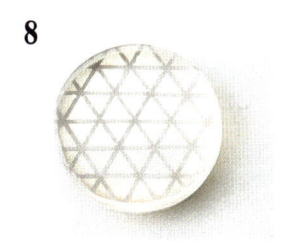

8

レジンコーティングした面を裏にし、アクセサリーに仕立てる。

9

ヘアゴムにする場合は、ジュエルモールドミニ・パーツの［ゴム留めキャップ・大］でパーツを作る。

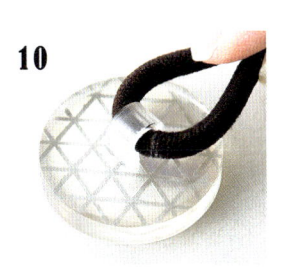

10

9のパーツにヘアゴムを挟み、レジンパーツにレジンで接着する。

11

ピアスにする場合は、裏面にレジンを流し、ピアス金具を置いてライトを照射して固める。

10

ゆらぎのスクエアピアス

—— **DESIGN** ——
キムラプレミアム

透明と着色したレジンでマーブルのパーツを作り、
裏面にパールカラーを重ねることで、
奥行き感のあるニュアンスが生まれます。

10　ゆらぎのスクエアピアス

［材料］
レジン ····· 星の雫ハードタイプ /パジコ
型 ····· ソフトモールド・四角プレート /パジコ
レジン用着色料 ····· 宝石の雫(好みの色) /パジコ
硬化後用着色料 ····· 宝石の雫(好みのパールカラー) /パジコ
チャーム ····· ヒキモノリングスパークル(スクエア・20mm)
つなぎ金具 ····· 9ピン、丸カン
アクセサリーパーツ ····· ピアス金具(カン付き)

［道具］
基本の道具(p.8)、ポンポンアタッチメント/パジコ、
ポンポンスタンド /パジコ、ピンバイス

1　好みの色にした着色レジンを用意する。

2　型(15mm)に**1**の着色レジンと無着色のレジンを交互に入れる。

3　2回めの着色レジンを入れる。1回めに入れたところに重ねるように入れるとよい。

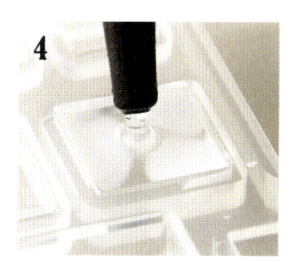

4　無着色のレジンを型の縁まで入れる。

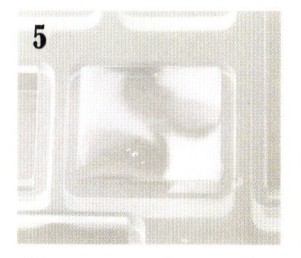

5　調色スティック(ニードル)で軽く混ぜてマーブル状にし、ライトを照射して固める。

6　型から取り出す。

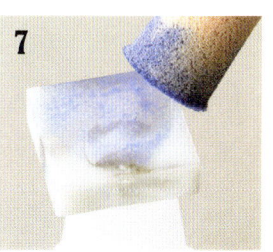

7　ポンポンスタンドに**6**をのせる。ポンポンアタッチメントをパールカラーの宝石の雫(写真はパールマリンブルー)の容器に装着し、着色する。

8　乾いたら、さらに重ねづけする。2〜3回繰り返し、よく乾かす。

9　レジンパーツのできあがり。

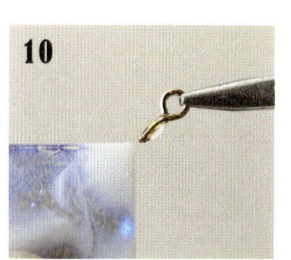

10　ピンバイスで穴をあけ、レジンをつけた9ピンを刺し込み、ライトを照射して固める。

11　丸カンでチャームとピアス金具につなぐ。

カラーチップの
フープピアス

— **DESIGN** —
キムラプレミアム

印刷用インクの色見本をモチーフにした
アクセサリー。
ホールメイカーで仕切れば、
型のサイズを変えることが可能です。

11 カラーチップのフープピアス

材料

レジン ····· 星の雫ハードタイプ／パジコ
型 ····· ソフトモールド・四角プレート／パジコ
型(仕切り用) ····· ホールメイカー／パジコ
着色料 ····· 宝石の雫(好みの色、ホワイト)／パジコ、
油性マーカー極細(黒)
つなぎ金具 ····· ヒートン
アクセサリーパーツ ····· フープピアス

道具

基本の道具(p.8)、ピンバイス

1 好みの色にした着色レジンと白に着色したレジンを用意する。

2 ホールメイカーの周囲の枠部分を15mmにカットし(p.27 **2**参照)、型(15mm)の中央にセットする。

3 白の着色レジンを仕切りを入れた型に入れ、同じサイズの型にカラーの着色レジンを入れる。ライトを照射して固める。

4 型から取り出す。

5 バリをヤスリで削る。

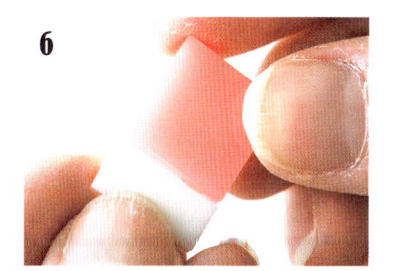

6 白とカラーのプレートに、レジンをつけて貼り合わせ、ライトを照射して固める。

7 白のプレート部分に油性マーカーで文字を書く。

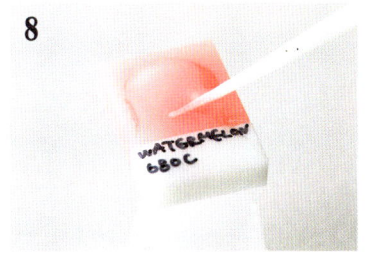

8 文字のある表面をレジンコーティングする。全体にレジンを薄く塗り、ライトを照射して固める。

9 ピンバイスで穴をあけ、レジンをつけたヒートンを刺し込み、ライトを照射して固める。フープピアスに通す。

{ ITEM }

12

クリア＆マットな
パステルピアス

—— DESIGN ——

apple head

愛らしい乙女カラーの色合わせながら、
どこかキッチュな面白みを併せ持つのが魅力。
ビーズやメタルパーツなど
チャームのあしらいはお好みで。

12 クリア & マットなパステルピアス

材料

[共通]

レジン ‥‥‥ 星の雫ハードタイプ /パジコ

型 ‥‥‥ ソフトモールド・丸プレート /パジコ

着色料 ‥‥‥ 宝石の雫（ホワイト、好みの色）/パジコ

つなぎ金具 ‥‥‥ Tピン、丸カン

アクセサリー金具 ‥‥‥ ピアス金具（丸皿付き）

[オーバーラップ]

チャーム ‥‥‥ ウッドビーズ、半貴石ビーズ（ラウンド）、
メタルパーツ

[レジンパーツ封入]

封入パーツ ‥‥‥ ソフトタイプのレジンを好きな色で固めたもの

チャーム ‥‥‥ アクリルビーズ（ノット・ラウンド）、
竹ビーズ（ツイスト）、半貴石ビーズ（ラウンド）

道具

基本の道具(p.8)

PART.1 ○△□モールドひとつあれば

オーバーラップ

1

着色レジンを白のほか2色用意し、1色をクリアカラー（写真はネオンピンク）にして透け感を出す層を作る。

2

型（10mm）に白の着色レジンを入れ、ライトを照射して固める。

3

型から取り出し、型（12mm）に入れる。浮かないように押しつけ、隙間にマットカラーの着色レジンを入れて固める。

4

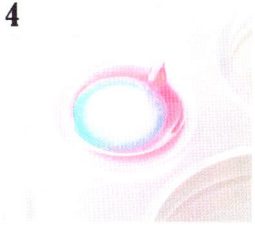

硬化したら型から取り出し、型（15mm）に入れ、隙間にクリアカラーの着色レジンを入れて固める。

5

硬化したら型から取り出す。
▶A

6

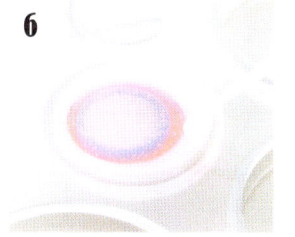

さらに型（20mm）に入れ、白の着色レジンを隙間に入れ、固める。このとき、クリアカラーにかからないように注意する。

7

硬化したら型から取り出す。
▶B
※ピアスはAとBで1セット作る。

8

裏面にピアス金具をレジンでつける（p.69）。Tピン（または9ピン）にチャームを通して丸め、丸カンでピアス金具とつなぐ。

レジンパーツ封入

1

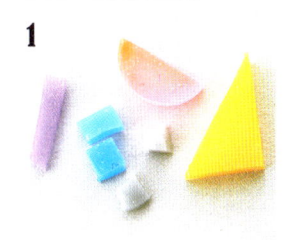

ソフトレジンを好みの色に着色して固め、ハサミでカットする。封入パーツとして使う。透明感のあるカラーも用意する。

2

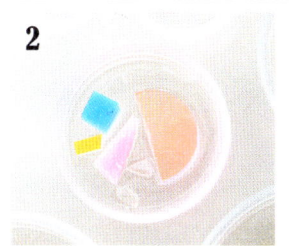

レジンを型に薄く流し、封入パーツを配置する。ライトを照射して固める。

3

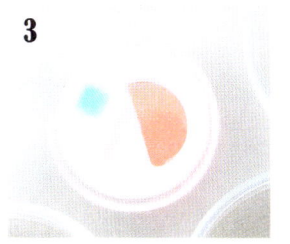

白の着色レジンを隙間に入れる。透明感のあるレジンパーツは覆わないように注意する。マットな色のパーツの上は重ねてもOK。

4

硬化したら型から取り出す。**オーバーラップ**の8と同様にピアスに仕立てる。

13
—
p.40

フラワーボールの
ヘアアクセサリー

14
—
p.40

ヨーヨーかんざし

15
—
p.41

空洞の四季
ピアス＆ブローチ

--- PART.2 ---

お気に入りのモールドひとつあれば

レジン用の型は、球体や三角錐など立体的なものから
ジュエル型などモチーフ別までさまざまです。特別なアクセサリーに仕上がる、
型どりにプラスαのテクニックが満載です！

16
—
p.44

ユニコーンカラーの
キーチャーム＆リング

17
—
p.46

パールの
アシンメトリーネックレス

18
—
p.48

サクランボのピアス

19
—
p.50

リングモールド使いの
パールアクセ

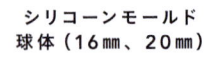

シリコーンモールド 球体（16mm、20mm）	ソフトモールド リング（大）	ソフトモールド ダイヤカット	ジュエルモールドミニ ジュエリーカット スクエア＆オーバル	ジュエルモールドミニ ジュエリーカット ヘキサゴン

 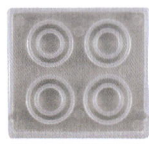 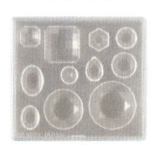 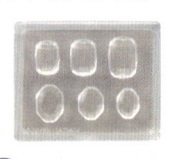 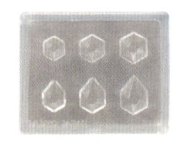

使用
ページ p.42 p.43 p.45 p.47 p.49

使用
ページ p.51 p.53

使用
ページ p.55

使用
ページ p.57 p.59

使用
ページ p.61

20
— p.52

リングモールドで
作るピアス

21
— p.54

イリュージョンカラーの
ピアス

22
— p.56

ディープカラーの
ジュエルリング

23
— p.58

フロスティ加工の
イヤーアクセサリー

25
— p.62

パヴェセッティングの
アクセサリー

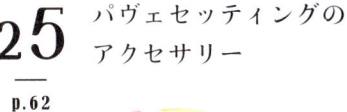

24
— p.60

ヘキサゴンの
ドロップピアス

26
— p.64

バブルビーズの
リング

27
— p.66

海月の
アクアリウム
アクセサリー

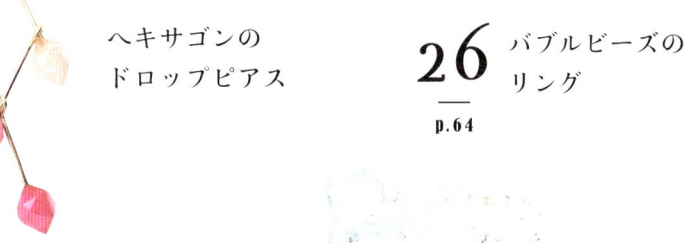

28
— p.68

三角錐の
リバーシブルピアス

29
— p.70

キューブの
セットアクセサリー

ジュエルモールドミニ
シンプル ドーム＆オーバル

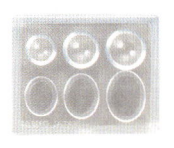

使用
ページ **p.63 p.65**

ソフトモールド
ハート

使用
ページ **p.63**

ソフトモールド
半球

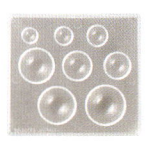

使用
ページ **p.45 p.67**

ソフトモールド
三角形

使用
ページ **p.49 p.69**

ソフトモールド
キューブ

使用
ページ **p.71**

{ ITEM }

13

フラワーボールの
ヘアアクセサリー

—— DESIGN ——
キムラプレミアム

ハーバリウム風のヘアゴム。
愛らしいお花を閉じ込めた定番のデザイン。

{ ITEM }

14

ヨーヨーかんざし

—— DESIGN ——
キムラプレミアム

清涼感のあるヨーヨーモチーフのかんざしは
夏の装いにぴったり。

{ ITEM }

15

空洞の四季
ピアス＆ブローチ

—— DESIGN ——
キムラプレミアム

着色レジンを使って
ほんのり色付けするのがポイント。
耳元や胸元でシャラシャラと動くパーツはお好みで。

13 フラワーボールの ヘアアクセサリー

材料

レジン …… 星の雫ハードタイプ /パジコ
型 …… シリコーンモールド・球体(20mm) /パジコ
封入パーツ …… ドライフラワー
つなぎ金具 …… ヒートン、丸カン
アクセサリーパーツ …… ヘアゴム

道具

基本の道具(p.8)、ピンバイス

14 ヨーヨーかんざし

材料

レジン …… 星の雫ソフトタイプ、ハードタイプ/パジコ
型 …… シリコーンモールド・球体(16mm、20mm)/パジコ
着色料 …… 宝石の雫(好みの色)/パジコ
チャーム …… コットンパール、アクリルビーズ
つなぎ金具 …… ヒートン、丸カン、Tピン
アクセサリー金具 …… かんざし

道具

基本の道具(p.8)、ピンバイス

1

レジンを型の1/2ほど入れ、ドライフラワーをピンセットで押し込むようにして入れる。

2

レジンを注入口の下縁ぐらいまで入れ、さらにドライフラワーを入れる。

1

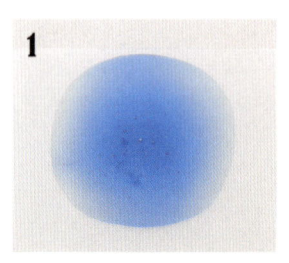

ソフトタイプのレジンを濃いめに着色し、クリアフォルダ2枚で挟み、薄く伸ばして固める。

2

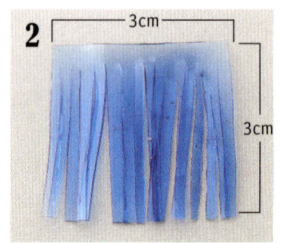

ハサミで1〜2mmのフリンジ状にカットする。上部は3〜4mm幅切らずに残す。封入パーツとして使う。

3

ドライフラワー同士を調色スティックなどで離し、位置を整える。

4

注入口と底側の2回に分けてライトを照射し、レジンを固める。

3

型にレジンを8分目ほど入れる。

4

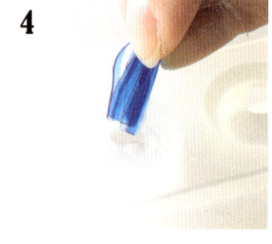

2を巻いてフリンジ側から型に入れる。

5

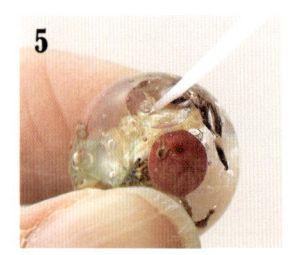

エタノールを垂らし、型になじませ、型から取り出す。へこみが気になる場合は、レジンをへこみに足して固める。

6

ピンバイスで穴をあけ、レジンをつけたヒートンを刺し込み、ライトを照射して固める。丸カンでヘアゴムにつなぐ。

5

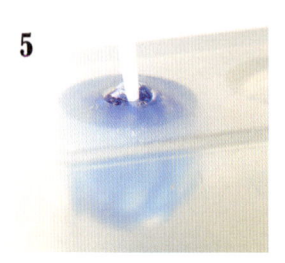

調色スティックでフリンジに動きをつけ、注入口と底側の2回に分けてライトを照射し、レジンを固める。

6

13の**5**、**6**と同様に球体を整え、ヒートンをつける。サイズ違いで2個作り、丸カンでかんざしにつなぐ。

15 空洞の四季ピアス＆ブローチ

PART 2 お気に入りのモールドひとつあれば

【材料】

〔共通〕
レジン ……星の雫ハードタイプ /パジコ
着色料 ……宝石の雫(好みの色) /パジコ、ホログラム、ラメ
封入パーツ ……軽い素材のもの

〔ピアス〕
型 ……シリコーンモールド・球体(16mm) /パジコ
アクセサリー金具 ……ピアス金具(丸皿付き)

〔ブローチ〕
型 ……シリコーンモールド・球体(20mm) /パジコ
チャーム ……コットンパール
つなぎ金具 ……ヒートン、丸カン、Tピン
アクセサリー金具 ……カブトピン

【道具】
基本の道具(p.8)、デジタル秤、ポンポンスタンド /パジコ、ピンバイス

1

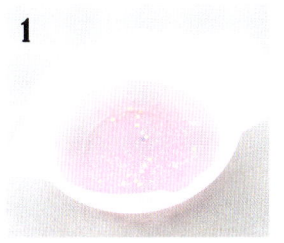

着色レジンを用意する。写真は宝石の雫(ネオンピンク)にラメやホログラムを混ぜたもの。透け感が出るよう薄めに着色する。

2

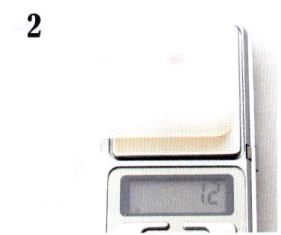

型をデジタル秤にのせ、着色レジンを入れる。20mmには1.2g、16mmには0.7〜0.8g入れる。

3

型を回して着色レジンを型に行き渡らせる。注入口もレジンで塞いでしまう。

4

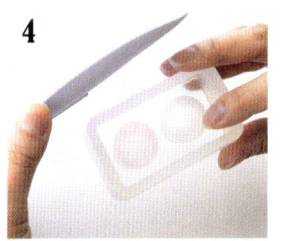

着色レジンが均一になるよう、型を回しながらライトを照射する。

5

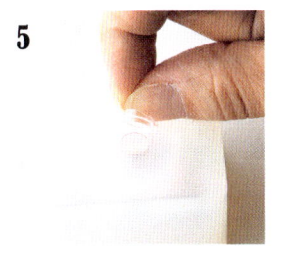

注入口から余分なレジンがはみ出し固まるので、それを取り除く。型から取り出し、口を上にしてポンポンスタンドに置く。

6

封入パーツを入れる。カットしたクリア小ホルダーにレジンを塗り、レジンパーツの口部分に当ててライトを照射する。

7

クリアホルダーをはがす。さらにレジンを足して固め、金具用の穴をあけるときに欠けないよう厚みをつける。

8

ブローチはピンバイスで穴をあけ、レジンをつけたヒートンを刺し込み、ライトを照射して固める。アクセサリーに仕立てる。

9

ピアスは、接着剤かレジンでピアス金具を口部分につける。

宝石の雫(シアン＋ホワイト)、ホログラムを混ぜたレジンでパーツを作り、シフォン布を切って入れたもの。

宝石の雫(ゴールド)を混ぜたレジンでパーツを作り、糸を入れたもの。

星の欠片(パール)、ホログラムを混ぜたレジンでパーツを作り、スパンコールや無穴パールなどを入れたもの。

{ ITEM }

16

ユニコーンカラーの
キーチャーム & リング

—— DESIGN ——

apple head

ゆめかわいいユニコーンカラーは、
パール風仕上げの着色テクニックで作ります。
球体モールドでキーチャーム、
半球モールドでリング、といろいろなサイズで
作れるのもうれしい。

16 ユニコーンカラーのキーチャーム＆リング

材料（キーチャーム）

レジン …… 星の雫ハードタイプ ／パジコ
型 …… シリコーンモールド・球体（16mm、20mm）／パジコ
レジン用着色料 …… 宝石の雫（ホワイト）／パジコ
硬化後用着色料① …… 宝石の雫（パールキスカ）／パジコ
硬化後用着色料② …… 宝石の雫 ／パジコ
　（イエロー、イエローグリーン、パープル、ブルー、ピンク）
つなぎ金具 …… ヒートンキャップ、二重カン
チャーム …… 好みのもの
アクセサリー金具 …… カラビナ（35mm）

道具

基本の道具(p.8)、ポンポンスタンド ／パジコ、
ポンポンアタッチメント ／パジコ、メイク用チップ

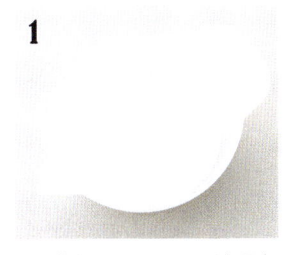

1 白の着色レジンを2.5g以上用意する。

2 型（16mm、または20mm）の注入口の下縁まで着色レジンを入れ、ライトを照射し、固める。型から取り出す。

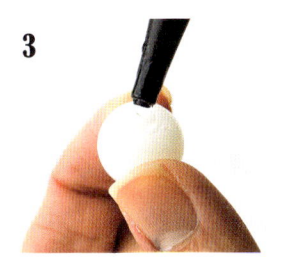

3 注入口のくぼみにレジンを垂らして平らにし、ライトを照射し、固める。

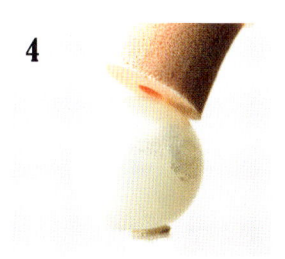

4 ポンポンスタンドに**3**を置く。ポンポンアタッチメントを硬化後用着色料①の容器にセットし、パールカラーに着色する。

5 着色料が乾いたら、さらに重ねてパールカラーの色ノリをする。

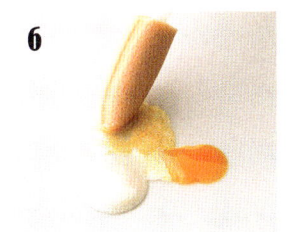

6 硬化後用着色料①と②のうちの1色をクリアホルダーに出し、メイク用チップで混ぜる。硬化後用着色料①と②を混ぜたものを5色作る。

7 メイク用チップで軽く叩くようにして色をのせる。ところどころに1色ずつ着色し、重なる部分はグラデーションにする。

8 **7**が乾いたら**4**と同様に硬化後用着色料①を薄く全体になじませる。

9 ヒートンキャップの内側にレジンを垂らし、レジンパーツにかぶせ、ライトを照射して固める。

10 ヒートンキャップからレジンを少しはみ出させるようにすること。二重カンでカラビナにつなげ、キーチャームに仕立てる。

ソフトモールド・半球（材料外）の10mmの型でレジンパーツを2個作り、レジンで接着して球体にし、**4**〜**7**と同様に着色する。

さらに宝石の雫（蛍光ピンクやパールターコイズ・材料外）で着色し、リング台（材料外）に接着剤でつける。

{ ITEM }

17

パールのアシンメトリー
ネックレス

—— DESIGN ——
キムラプレミアム

パールカラーで作った球体のレジンビーズ。
コットンパールと合わせ、
エレガントなネックレスに。
軽やかに仕上がるのもポイントです。

17 パールのアシンメトリーネックレス

PART.2 お気に入りのモールドひとつあれば

［材料］

レジン ⋯⋯ 星の雫ハードタイプ /パジコ
型 ⋯⋯ シリコーンモールド・球体（16mm） /パジコ
着色料 ⋯⋯ ⋯⋯ 宝石の雫（好みの色） /パジコ
穴の型 ⋯⋯ ホールメイカー /パジコ
パール ⋯⋯ コットンパール（14mm）
アクセサリー金具 ⋯⋯ ネックレスチェーン、つぶし玉

［道具］

基本の道具(p.8)、目打ち、ワイヤー、平ヤットコ

1

着色レジンを用意する。

2

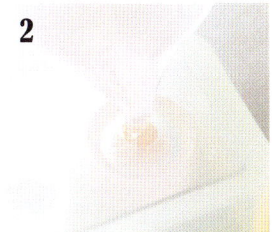

型に着色レジンを9分ぐらい（注入口の下縁ぐらい）まで入れる。

3

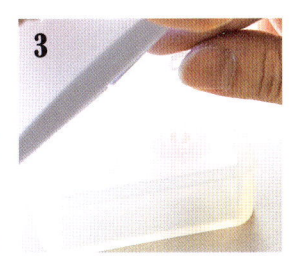

ホールメイカー（B）を注入口に刺し込み、ホールメイカーを支えながらライトを照射して固める。

4

型を返し、底側からもライトを照射する。

5

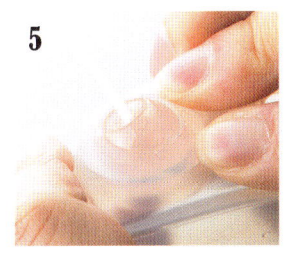

離型剤としてエタノールを垂らし、型になじませてから取り出す。ホールメイカーは抜かない。

6

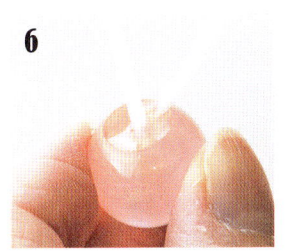

注入口のへこみに着色レジンを足して、球体に近づける。

7

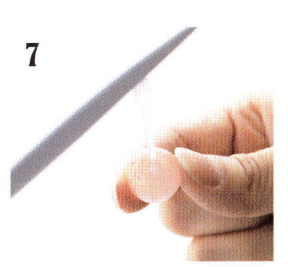

ホールメイカーを刺したまま、ライトを照射して固める。

8

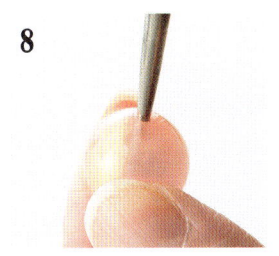

ホールメイカーを抜き、目打ちなどを刺して穴を貫通させる。

9

ビーズのように貫通した穴のあるレジンパーツのできあがり。

10

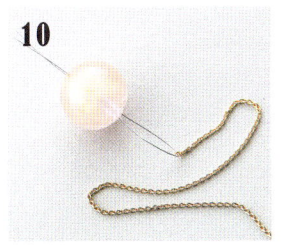

ネックレスチェーンをレジンパーツやパールに通す際はワイヤーをチェーンにつけ、針として使う。

11

チェーンにつぶし玉を通し、固定したい位置で平ヤットコでつぶし玉を挟んでつぶす。

12

コットンパールの位置をつぶし玉で固定したところ。

{ ITEM }

18

サクランボのピアス

—— DESIGN ——
キムラプレミアム

球体モールドで作るサクランボは、
へこみ用の型を用意するのがポイント。
お好みのカラーで作ってみましょう。
右ページでは朱色と黄色の2色を使った
作り方を紹介しています。

18 サクランボのピアス

材料

レジン …… 星の雫ハードタイプ /パジコ
型 …… シリコーンモールド・球体(16mm) /パジコ、
　　　ソフトモールド・三角形 /パジコ
着色料 …… 宝石の雫 /パジコ
　　朱色(レッド、イエロー、ホワイト)、
　　黄色(イエロー、ホワイト)、　プラム色(レッド、ブラック)、
　　ピンク(ピンク、ネオンピンク、イエロー、ホワイト)、
　　黄緑(イエローグリーン、ネオングリーン、ホワイト)、
　　水色(シアン、ホワイト)

チャーム …… メタルリボン(カン付き)
つなぎ金具 …… スティック(模様線カーブ・40mm・カン付き)、
　　　丸カン
アクセサリー金具 …… ピアス金具(カン付き)

道具

基本の道具(p.8)、ピンバイス

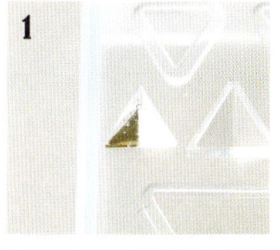

1 三角錐の型(10mm)にレジンを入れて固める。へこみ用の型にする。

2 材料表の使用カラーを参考に、朱色と黄色の着色レジンを用意する。

3 1で作ったへこみ用の型の上に球体の型を重ねる。球体の型にへこみができる。

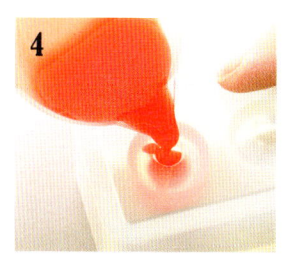

4 へこみを作ったまま、朱色の着色レジンを型の3/4くらいまで入れる。

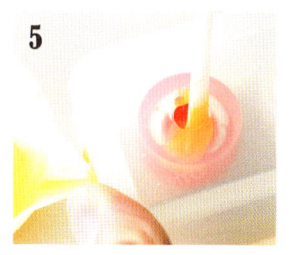

5 さらに、黄色の着色レジンを入れる。このとき、調色スティックを使って型の内縁側に黄色をつけるようにして入れる。

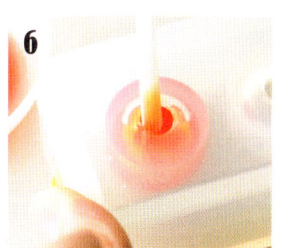

6 最後は朱色の着色レジンを少し加え、軽く混ぜて黄色との境目をなじませる。

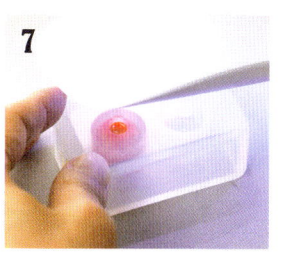

7 型は動かさずに、ライトを照射する。

8 型を裏返し、へこみ用の型は外して、裏からライトを照射する。

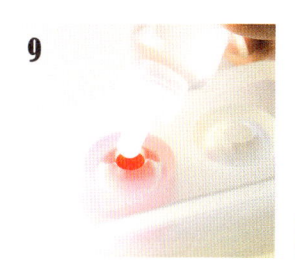

9 エタノールを型に入れて、型をもみ、レジンパーツを取り出す。レジンパーツがまだやわらかければ、ライトを照射して固める。

10 ピンバイスでくぼみに穴をあけ、スティックにレジンをつけて刺し、固める。さらに黄色(好みで朱色でも可)の着色レジンをへこみに足して固める。

11 スティックを接着したところ。

12 丸カンでチャームとピアス金具につなぐ。

{ ITEM }

19

リングモールド使いのパールアクセ

—— DESIGN ——

blingbling pumpkins

パールをふんだんにちりばめたイヤリング＆リング、
スタッズ使いがスタイリッシュなネックレス。
リング用のモールドもアイデア次第で使いみちがいろいろです。

19 リングモールド使いのパールアクセ

材料

{ 共通 }
レジン ····· 星の雫ハードタイプ /パジコ
型 ····· ソフトモールド・リング（大）/パジコ

{ オーバーフローイング }
パール ····· 無穴（2 〜 6mm）
アクセサリー金具 ····· イヤリング（三角バネ式・丸皿付き）、
リング台（丸皿付き）

{ パール×スタッズ }
パール ····· 無穴（4mm）
スタッズ ····· ネイルアート用スタッズ（4mm）
つなぎ金具 ····· Tピン、丸カン
アクセサリー金具 ····· ネックレスチェーン

道具
基本の道具（p.8）、ノズルアタッチメント・細ノズル /パジコ、
ポンポンスタンド /パジコ、ルーター

オーバーフローイング

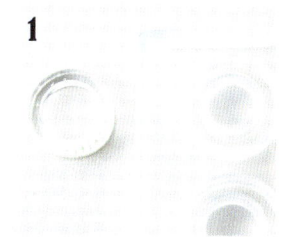

1
型（直径18mm）にレジンを半分入れる。パールを入れたら縁までレジンを入れ、ライトを照射して固める。

2
マスキングテープで作った作業用シートに置き、リングの1/3くらいまでレジンを入れ、ライトを照射して固める。

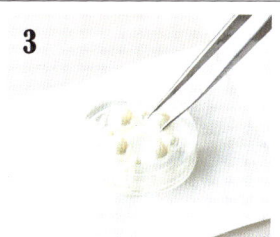

3
レジンを薄く流し、パールを大小バランスよく置き、ライトを照射して固める。

4
レジン容器に細ノズルをつけ、レジンをパールの隙間に入れ、パールを追加して固める。

5
さらにパールの隙間にレジンを足しながらパールを盛りつける。ライトを照射して固める。

6
型の裏からもライトを照射する。硬化したら皿付きのアクセサリー金具に接着剤でつける。

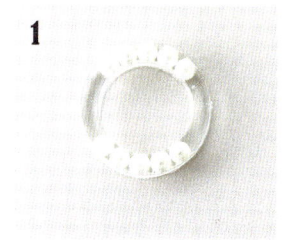

リングにパールを封入せずに作ったもの。

パール×スタッズ

1
型（直径18mm）にレジンを半分入れる。パール（4mm）を5個ずつ入れたら縁までレジンを入れ、ライトを照射して固める。

2
ポンポンスタンドにリングを立てて置き、リングの内側にレジンを垂らす。細ノズルをつけて行うと作業しやすい。

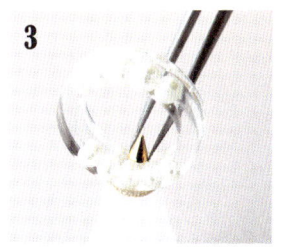

3
スタッズを置き、ライトを照射して固める。

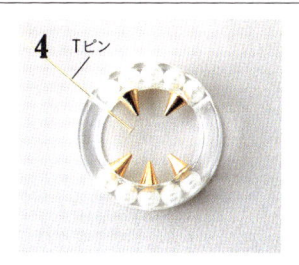

4 Tピン
スタッズは片側に3個、反対側に2個つける。2個つけた側のパールの両端にルーターで穴をあけ、Tピンを内側から通す。

5
余分のピンをカットし、ピンの先を丸める。丸カンでネックレスチェーンにつなぎ、アクセサリーに仕立てる。

20

リングモールドで作る
ピアス

— DESIGN —

blingbling pumpkins

バイカラーやCモチーフのデザインがホールメイカー使いで簡単に作れます。
箔を封入してリュクスな大人の雰囲気に。
お揃いのリングも一緒にどうぞ。

20 リングモールドで作るピアス

{材料}

{共通}
レジン ……星の雫ハードタイプ /パジコ
型 ……ソフトモールド・リング（大）/パジコ
型（仕切り用）……ホールメイカー /パジコ
着色料 ……宝石の雫 /パジコ
　ボルドー（ピンク＋ブラウン＋パープル）、
　紺（ブルー＋ブラウン）、黒（ブラック）
封入パーツ ……ネイル用ホイル（ゴールド、シルバー）

{Cタイプ}
アクセサリー金具 ……ピアス金具（芯立て）
{バイカラー}
パール ……コットンパール（10mm）
チャーム ……カボション
つなぎ金具 ……Tピン、カン付きプレート
アクセサリー金具 ……ピアス金具（丸皿付き）

{道具}
基本の道具（p.8）、ルーター、丸ヤットコ

Ｃタイプ

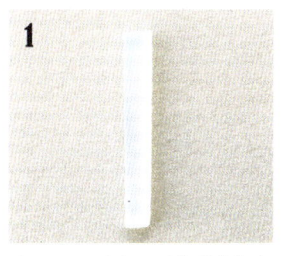

1 ホールメイカー（枠部分）を3.5mmにカットする。2つ用意する。

2 カットしたホールメイカーの側面にレジンをつけて型（21号）に垂直に立て、ライトを照射して固める。

3 着色レジン（写真はボルドー）を用意する。

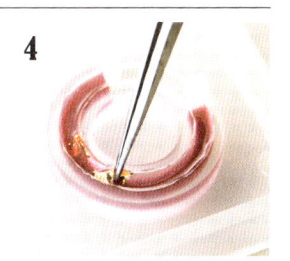

4 着色レジンを型に入れ、ホイル（ゴールド）をピンセットで入れ、ライトを照射して固める。

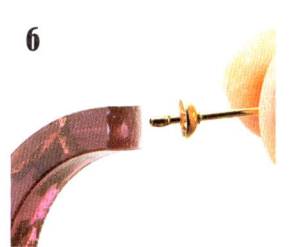

5 ホールメイカーを抜き、型から取り出す。バリを取り、角をヤスリで削ってなめらかにする。

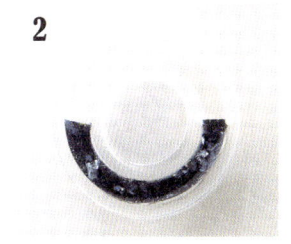

6 ルーターで穴をあけ、接着剤をつけたピアス金具を刺す。

バイカラー

1 **Cタイプ** と同様にホールメイカーを型の中心に2つのり、着色したレジン（写真は紺）、ホイル（シルバー）を入れて固める。

2 硬化したらホールメイカーだけを抜く。

3 違う色で着色したレジン（写真は黒）を残り半分の型に入れ、ライトを照射して固める。

4 ルーターで穴をあける。Tピンにパールを通し、リングの内側からピンを通す。

5 ピンをリングから7～8mm残してカットし、丸ヤットコで丸める。

6 カボション、カン付きプレート、ピアス金具を接着剤で貼る。レジンパーツをピンでつなぐ。
※リングは **バイカラー** の**1～3**と同様に作ります。

{ ITEM }

21

イリュージョンカラーの
ピアス

—— **DESIGN** ——
apple head

心を捕えるのは、マーブルテクの妙で魅せる
イリュージョンカラー！
天然石にはない色合わせが楽しめるのが
レジンでのジュエリー作りです。

21 イリュージョンカラーのピアス

材料

レジン ⋯⋯ 星の雫ハードタイプ /パジコ
型 ⋯⋯ ソフトモールド・ダイヤカット /パジコ
着色料 ⋯⋯ 宝石の雫(好みの色) /パジコ
封入パーツ ⋯⋯ 乱切りオーロラ
つなぎ金具 ⋯⋯ 石座(カン付き)♯4120、丸カン
アクセサリー金具 ⋯⋯ ピアス金具(フック)

道具

基本の道具(p.8)

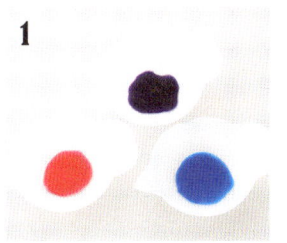

1 着色レジンを3色(写真はピンク、シアン、パープルでそれぞれ着色)用意する。濃いめに着色すること。

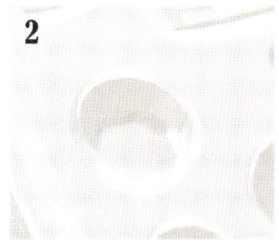

2 無着色のレジンを型(13×18mm)の1/3ほど入れる。

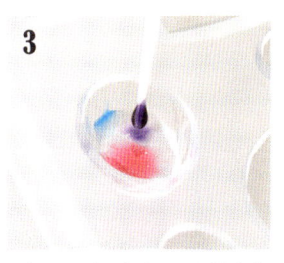

3 3色のレジンをそれぞれ置くように入れる。

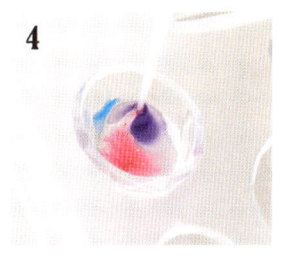

4 調色スティック(ニードル)で軽く混ぜ、動きをつける。

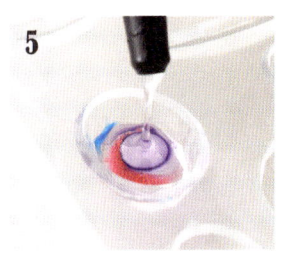

5 無着色のレジンを1滴垂らして模様を作り、ライトを照射して固める。

6 着色レジンを同じ色に重ねるように直さ、ライトを照射して固める。

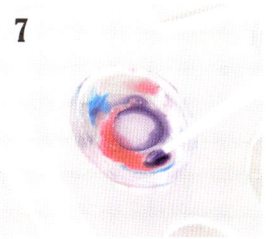

7 無着色のレジンを少し足し、好きな色を好きなところに置く。型の底側から模様をチェックしながら行う。

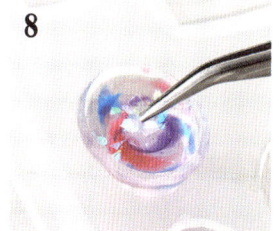

8 乱切りオーロラを散らし、ライトを照射して固める。

9 型の縁まで無着色のレジンを入れ、ライトを照射して固める。

10 石座を用意する。

11 レジンパーツを石座にセットし、石座の爪を対角する順に倒して固定する。

12 丸カンでピアス金具につなぐ。

22

ディープカラーの
ジュエルリング

—— DESIGN ——

blingbling pumpkins

ぷっくりとしたカボション風のフォルムが
特徴的なレジンのジュエル。
バーガンディ、フォレストグリーンなど
深みのあるカラーの組み合わせが絶妙です。

22 ディープカラーのジュエルリング

材料

レジン ⋯⋯ 星の雫ハードタイプ /パジコ
型 ⋯⋯ ジュエルモールドミニ・ジュエリーカット
　　スクエア＆オーバル /パジコ
着色料 ⋯⋯ 宝石の雫（好みの色）/パジコ
アクセサリー金具 ⋯⋯ リング台（丸皿付き）

道 具

基本の道具(p.8)、洗濯バサミ

1 着色レジンを2色（写真はシアン＋ブラウン、ブラウンでそれぞれ着色したもの）用意する。

2 型を斜めに傾け、型（オーバル）の斜め半分に1色を入れる。そのままライトを照射し、固める。

3 斜め半分に1色を固めたところ。

4 型を水平に置き、もう1色を型に入れる。

5 型の縁からぷっくりと膨らませるように着色レジンを足していく。中央が盛り上がるように足したらライトを照射し、固める。

6 型から取り出す。本来の型どりで表にする面を底側にして使う。

7 リング台に接着剤でつける。リングを洗濯バサミで挟み、立てた状態で乾くまで置く。

宝石の雫（ピンク）と（グリーン）で、型（スクエア）に入れて作ったもの。

正面から見たところ。角度によって色味が変化する。

{ ITEM }

23

フロスティ加工の
イヤーアクセサリー

—— **DESIGN** ——

blingbling pumpkins

曇りガラス風のフロスティ加工をすると
上質でエレガントな雰囲気に。
型どりしたレジンパーツを2個合わせ、
立体的なパーツにします。

23 フロスティ加工のイヤーアクセサリー

PART.2 お気に入りのモールドひとつあれば

材料

レジン …… 星の雫ハードタイプ /パジコ
型 …… ジュエルモールドミニ・ジュエリーカット
　スクエア＆オーバル /パジコ
着色料 …… 宝石の雫(好みの色) /パジコ
封入パーツ …… シェルフレーク
つなぎ金具 …… 三角カン、丸カン
アクセサリー金具 …… フープピアス、イヤリング金具(カン付き)

道具

基本の道具(p.8)、ポンポンスタンド /パジコ、ルーター

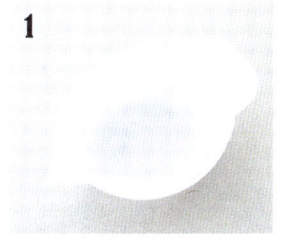

1 着色レジンを用意する。2個を合体させることで色が濃くなるので、薄めに作る。

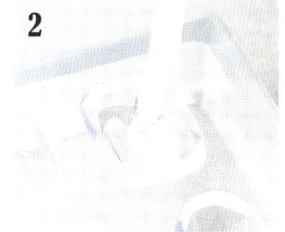

2 着色レジンを型 (スクエア) の1/2ほど入れる。

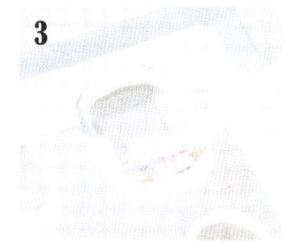

3 シェルフレークを型の下半分に位置するように入れる。

POINT! シェルフレークのカラーは着色レジンと同系色を選ぶとよい。

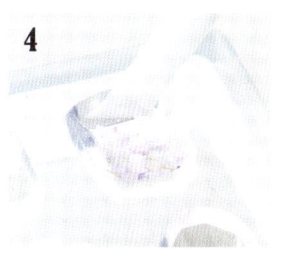

4 着色レジンを型の縁まで入れ、ライトを照射して固める。

5 2 〜4を繰り返し、同じ形で2個作る。

6 レジンパーツにレジンを塗り、2個を接着する。ポンポンスタンドに置いて行うとやりやすい。

7 接着したところ。

8 ヤスリで表面を軽くこすり、フロスティ加工をする。

9 曇りガラス風の仕上げになったところ。

10 ルーターで穴をあけ、両穴を三角カンで挟むようにしてつける。

11 ピアスはサイズ違い (9mmと8mm) で2個作り、フープピアスに通す。

12 イヤリングは丸カンで金具につなぐ。

59

ヘキサゴンの
ドロップピアス

—— **DESIGN** ——
キムラプレミアム

鈴なりになった枝つきレーズンを
思わせるドロップピアス。
硬化時にTピンと一緒に固め、
ピン付きパーツにするのがポイントです。

24 ヘキサゴンのドロップピアス

材料

レジン ⋯⋯ 星の雫ハードタイプ /パジコ
型 ⋯⋯ ジュエルモールドミニ・ジュエリーカット
　ヘキサゴン /パジコ
着色料 ⋯⋯ 宝石の雫(好みの色) /パジコ
つなぎ金具 ⋯⋯ Tピン、丸カン
アクセサリー金具 ⋯⋯ ピアス金具(カン付き)

道具

基本の道具(p.8)、ニッパー、平ヤットコ、丸ヤットコ

1 着色レジンを用意する。

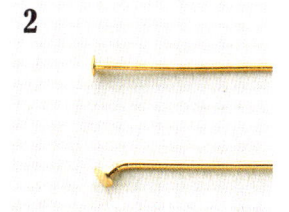

2 Tピンの頭部分を平ヤットコで曲げる。

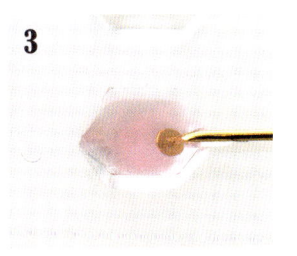

3 着色レジンを型(7×8mm)の縁まで入れ、曲げたTピンの頭部分も入れ、ライトを照射して固める。

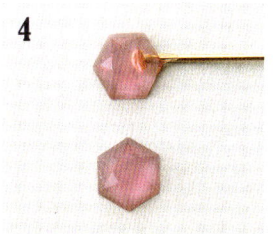

4 同じ型に着色レジン縁までを入れ、ライトを照射して固める。ピン付きのパーツとピンなしのパーツができる。

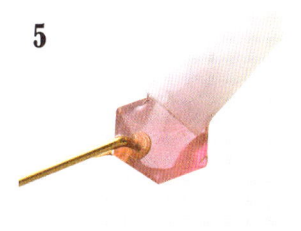

5 ピン付きのパーツの平らな面に着色レジンを塗り、ピンなしのパーツをのせて2個のレジンパーツを接着する。

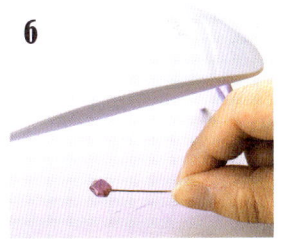

6 ピン部分を持ってライトを照射して固める。同様に10個作る。

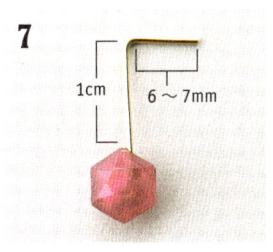

7 レジンパーツをつなげる。ピンをレジンから1cmの位置で直角に曲げ、曲げたところから6〜7mm残してニッパーでカットする。

8 ピンの先端を丸ヤットコで挟み、丸める。

9 新しいレジンパーツのピンに8を通す。

10 7、8と同様にピンを丸める。

11 7〜10の要領でレジンパーツを5個つなげる。

12 丸カンでピアス金具とつなぐ。

{ ITEM }

25

パヴェセッティングのアクセサリー

—— DESIGN ——

blingbling pumpkins

美しい色と輝きを持つ
スワロフスキー・クリスタルを敷き詰めたレジンジュエル。
好きなカラーとアイテムの組み合わせを楽しんで。

25 パヴェセッティングのアクセサリー

材料
レジン ……星の雫ハードタイプ /パジコ
型 ……ジュエルモールドミニ・シンプル ドーム＆オーバル、
　ソフトモールド・ハート /パジコ
スワロフスキー・クリスタル ……♯1028(PP13・好きな色)
つなぎ金具 ……ヒートン、丸カン
アクセサリー金具 ……ピアス金具(芯立て)、
　リング金具(丸皿付き)、ネックレスチェーン

道具
基本の道具(p.8)、ルーター

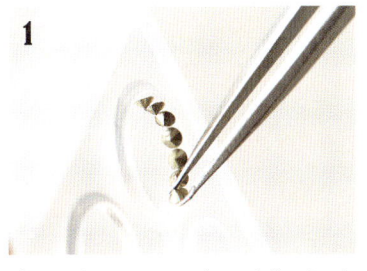

1 ピンセットでスワロフスキー・クリスタルをつまみ、表面にレジンを薄くつけ、型(ドーム)の縁に1個ずつ置いてライトを照射(数秒)し、固定する。

2 縁を1段固定したら、底の中心に向かって1段ずつ隙間のないように、1個ずつライトを照射して固定しながら敷き詰める。

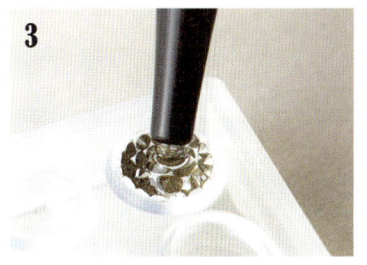

3 レジンを型の縁ギリギリまで入れ、ライトを照射して固める。

4 同じサイズのパーツをもう1個作る。

5 ドームの底面にレジンを垂らして重ね合わせ、ずれないよう持ったままライトを数秒照射する。その後は手を離して照射する。

6 ルーターで穴をあけ、レジンをつけたヒートンを刺し、ライトを照射して固める。丸カンでネックレスチェーンにつなぐ。

7 球体にせず、ピアスに仕立てたもの。ドーム形のパーツ2個の裏にルーターで穴をあけ、芯立てのピアス金具に接着剤でつける。

ARRANGE

水玉にする場合は、最初にスワロフスキー・クリスタルをドット状に固定し、無穴パール(1〜2mm)を敷き詰める。リング金具に接着剤でつける。

VARIATION

ソフトモールド・ハートを使い、スワロフスキー・クリスタル♯1028(PP11)で作ったもの。

{ ITEM }

26

バブルビーズのリング

—— **DESIGN** ——

blingbling pumpkins

ソロバン形のビーズにレジンのパーツを
レジンで接着して作ります。
重ねづけしてボリューム満点の
ステートメントなリングもおすすめ。

26 バブルビーズのリング

材料

レジン …… 星の雫ハードタイプ /パジコ
型 …… ジュエルモールドミニ・シンプルドーム＆オーバル /パジコ
着色料 …… 宝石の雫 /パジコ
　ブルー系（シアン、イエローグリーン）
　グリーン系（イエローグリーン、グリーン、シアン）
スワロフスキー・クリスタル ……
　♯5328（5mm）5 ～ 6個、♯5000（4mm）8 ～ 10個
アーティスティックワイヤー …… ♯28（0.3mm）約16cm×2本

道具

基本の道具（p.8）、ニッパー、筆

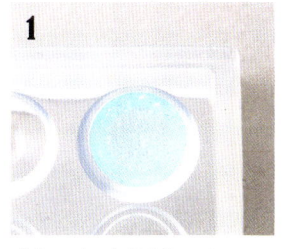

1 着色レジンを用意し、ドームの型に入れて固める。この作品の場合、気泡をつぶさずに使う。

2 同じ色のレジンで同じサイズのものを2個作る。

3 ドームの底面にレジンを垂らし、2個を重ね合わせる。

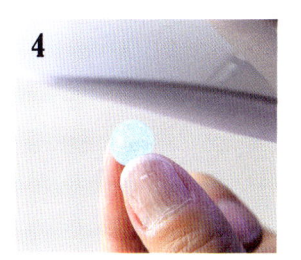

4 ずれないよう持ったままライトを照射（5秒）したら、そっと置き、ライトを照射して固める。

5 球体のレジンパーツをサイズや色を変えて5個作る。

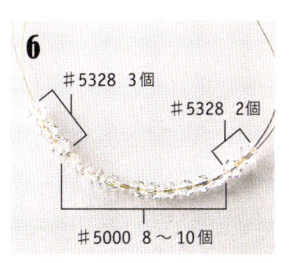

6 ワイヤー2本にビーズを通す。♯5328を3個、♯5000を8 ～ 10個（指のサイズに合わせて数を調整）、♯5328を2個の順に通す。

♯5328 3個　♯5328 2個　♯5000 8 ～ 10個

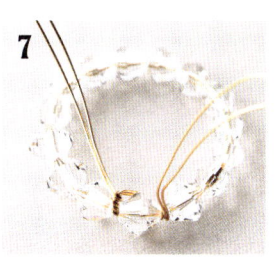

7 ビーズを通したところを円にし、ワイヤーをそれぞれビーズ（♯5328）のキワで巻いて固定する。

8 ビーズにワイヤーをねじりながら馴染ませ、余分な部分をニッパーでカットする。リングのベースができたところ。

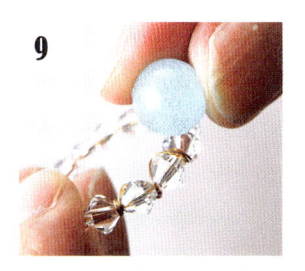

9 ビーズ（♯5328）の境い目（くぼみ部分）にレジンを垂らし、球体にしたレジンパーツを接着する。

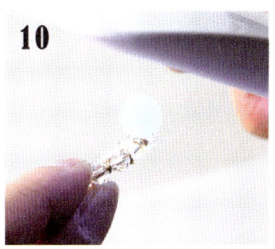

10 ライトを照射し、レジンパーツを1個ずつリングのベースに接着していく。

11 残りのレジンパーツをソロバン形のビーズ（♯5328）に接着したところ。ワイヤー部分もレジンで固定される。最後にライトを照射して固める。

12 ツヤをさらに出したい場合は、レジンをレジンパーツに筆で塗り、ライトを照射して固める。

{ ITEM }

27

海月のアクアリウム
アクセサリー

—— DESIGN ——
apple head

透明感のある海月がキラキラと輝く海中を
浮遊するデザインです。
背景の色は硬化後に顔料ペンで塗るだけ。

27 海月のアクアリウムアクセサリー

材料（イヤリング）

レジン ····· 星の雫ハードタイプ /パジコ
型 ····· ソフトモールド・半球 /パジコ
封入パーツ ····· ミックスグリッター（ホワイト）、
　ホログラム星形（オーロラ）
両面シール ····· レジンクラブ・足長海月 /イングカワモト
着色料 ····· 4アーティストマーカー（ディープブルー）
つなぎ金具 ····· 丸カン
チャーム ····· メタルパーツ（貝殻）、無穴パール（5mm）
アクセサリー金具 ····· イヤリング金具（丸皿付き）

道具

基本の道具（p.8）

1 レジンを型（18mm）の2/3ほど入れる。この作品の場合、気泡が入ってもつぶさない。

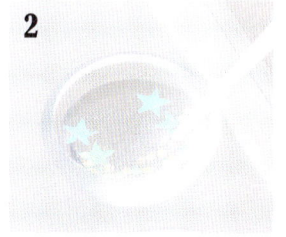

2 ミックスグリッターとホログラムを入れる。型の周囲に沿わせるように配置し、ライトを照射して固める。

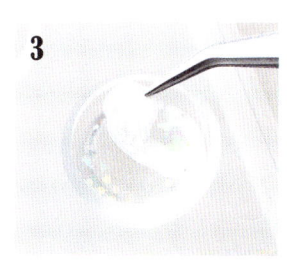

3 シールを貼る。

4 レジンを型の縁まで入れ、ライトを照射して固める。

5 硬化したら型から取り出す。

6 マスキングテープで作った作業用シートに重返して置き、マーカーで色を塗る。

7 ディープブルーの背景色がついたところ。

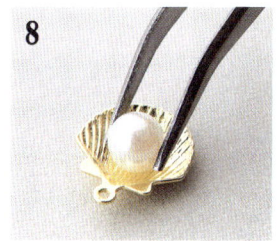

8 メタルパーツに無穴パールを接着剤でつけ、チャームを作る。

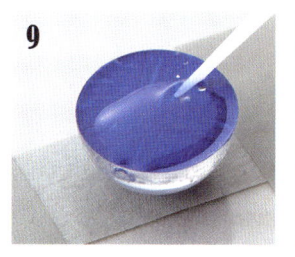

9 マーカーが乾いたら、レジンを流して広げる。

10 イヤリング金具を中心に置き、丸皿をレジンで覆い、ライトを照射して固める。

11 チャームを丸カンでつなぐ。

ARRANGE

型（14mm）で同様に作り、水色のポスカで背景を塗ったもの。リング台（材料外）に接着剤でつける。

28

三角錐のリバーシブルピアス

—— **DESIGN** ——

apple head

三角錐のレジンパーツを表にしても、
パールを表に三角錐を裏にして使ってもOK。
好きなパーツを封入しましょう。
作り方は毛糸の封入を紹介しています。

28 三角錐のリバーシブルピアス

［材料］

レジン ……星の雫ハードタイプ /パジコ
型 ……ソフトモールド・三角形 /パジコ
封入パーツ ……毛糸やビーズ、ドライフラワー、
　乱切りオーロラなど
アクセサリー金具 ……ピアス金具(丸皿付き・樹脂パールキャッチ)

［道具］

基本の道具(p.8)、ホールメイカー /パジコ、ニッパー

1

封入パーツ(写真は毛糸)を用意する。

2

レジンを型(三角錐20mm、または15mm)の縁近くまで入れる。

3

封入パーツを入れる。毛糸に空気がたまっているので、調色スティックなどで押し込むようにする。

4

型の底に気泡がたまりやすいので、封入の際に底をチェックし、気泡があれば取り除く。

5

ホールメイカーのシート(クリア)を型にのせ、ライトを照射して固める。

6

硬化したら型から取り出す。バリをハサミやニッパーでカットする。

7

ピアス金具を接着剤またはレジンでつける。右は型(15mm)でドライフラワーを封入したもの。

金具をレジンで接着する

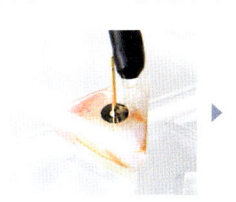

レジンパーツを小さいサイズの型に入れ、レジンを流して広げる。

ピアス金具を中心に置き、金具を覆うようにレジンを流す。

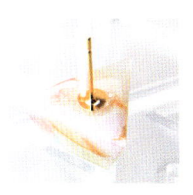

調色スティックでレジンを整え、ライトを照射して固める。

{ ITEM }

29

キューブの
セットアクセサリー

— DESIGN —

apple head

キューブ型に何を入れましょうか？
パーツによってスタイルがガラリと変わる好例です。
封入パーツが引き立つように
透明か薄く着色したレジンを使います。

29　キューブのセットアクセサリー

【材料】

[共通]
レジン ····· 星の雫ハードタイプ /パジコ
型 ····· ソフトモールド・キューブ /パジコ
つなぎ金具 ····· クランクヒートン /パジコ、丸カン
アクセサリー金具 ····· ネックレスチェーン、アメリカンピアス
[パール]
封入パーツ ····· 淡水パール(ライス、ポテト)

[ミニチュア]
着色料 ····· 宝石の雫(シアン) /パジコ
封入パーツ ····· ミニチュア(1/150スケール)

【道具】
基本の道具(p.8)

パール

1 型(ネックレスは11mm、ピアスは9mm)にレジンを型の1/4ほど入れ、ライトを照射して固める。

2 レジンを型の2/3ほど入れ、淡水パールを入れる。

3 型の縁までレジンを入れる。

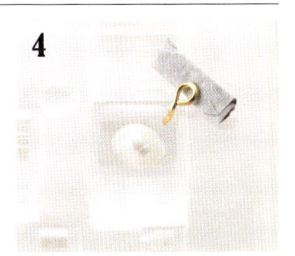

4 クランクヒートンを型の角に置く。このとき、マスキングテープを丸めた上にヒートンをのせて写真のように少し角度をつけて、ライトを照射して固める。

ミニチュア

5 型から取り出す。丸カンでアクセサリー金具につなぐ。

1 着色レジンを用意する。気泡はつぶさずに使う。

2 型(ネックレスは12mm、ピアスは8mm)にレジンを型の3/4ほど入れる。

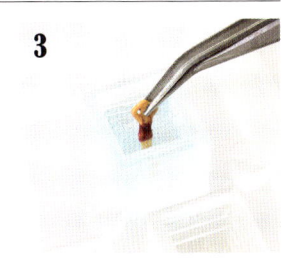

3 ミニチュアを入れる。

4 型の縁まで着色レジンを入れ、ミニチュアの位置を整える。

5 クランクヒートンを パール の4のように角度をつけて型の角に置き、ライトを照射して固める。

浮き輪をしているミニチュアは型から半分出るように、ピンセットでつまんだままライトを照射する。

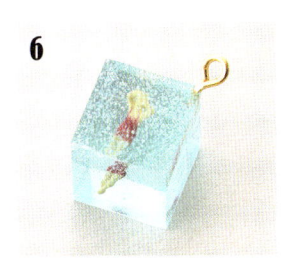

6 型から取り出す。丸カンでアクセサリー金具につなぐ。

30
p.74
ビジューパールの
アクセサリー

31
p.76
ミニチュア使いの
キッチュなアクセサリー

___■●▲___ PART.3 ___▲●■___

型がなくてもレジンさえあれば

型を使わずに、もっと手軽にレジンアクセサリーを作ってみましょう。
ミール皿やフレームなどのアクセサリー金具を利用するものから
フリーハンドで作るものまで、自由な発想で楽しむヒントを紹介します。

32
p.78
フリーハンドの
押し花ピアス

33
p.80
フリーハンドの
リボンアクセサリー

34
p.82

スクエアフレームの
アクセサリー

35
p.84

サークルフレームの
押し花イヤリング

36
p.85

サークルフレームの
メタルピアス

37
p.88

アクリルパーツを使った
ペイントピアス

38
p.90

ハメパチ使いの
チャーム

{ ITEM }

30

ビジューパールの
アクセサリー

——— DESIGN ———
blingbling pumpkins

ビジューを接着したデコラティブな
パールのアクセサリー。
ストーンに合ったサイズの丸カンを
レジンでつけるのがポイントです。

30 ビジューパールのアクセサリー

材料

レジン ····· 星の雫ハードタイプ /パジコ
パール ····· コットンパール、樹脂パール
（片穴・両穴どちらでも可）
ストーン ····· スワロフスキー・クリスタル♯2058、
♯2088(ss5 〜 ss20・好みの色)
丸カン ····· 内周がストーンのサイズと合うもの
つなぎ金具 ····· デザインピン、丸カン
アクセサリー金具 ····· リング台、ピアス金具（カン付き）

道具

基本の道具(p.8)、平ヤットコ、筆

スワロフスキー・クリスタルと丸カンのサイズ例

◇ ss5（約1.8mm）····· 丸カン(0.6×3mm)
◇ ss9（約2.6mm）····· 丸カン(0.6×4mm)
◇ ss12（約3.2mm）····· 丸カン(1×5mm)

1

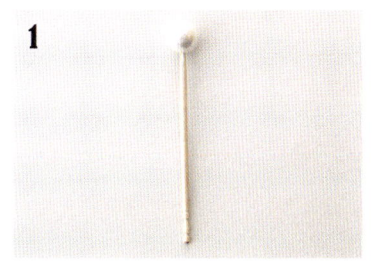

楊枝をパールの穴に刺す。

2

丸カンを平ヤットコを使って閉じる。

3

パールにレジンを塗って丸カンをつけ、ライトに数秒照射して仮どめする。

4

丸カンの中に接着剤を塗り、ストーンを貼る。3,4を繰り返し、別の場所にも丸カンとストーンをつける。

5

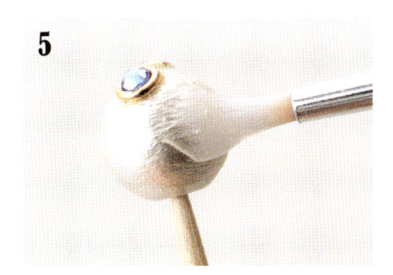

筆でパール全体にレジン塗り、ライトを照射して固める。ストーンには塗らないよう注意し、ストーン以外をコーティングする。

6

硬化したら楊枝を外す。

POINT!
コーティング後にライト照射を3〜4回繰り返すとツヤが増す。

ARRANGE

しずく形で作ったもの。左がコットンパール、右が樹脂パール。

7

ピアスは両穴のパールを使い、デザインピンを通して丸め、丸カンで金具につなぐ。

8

リングはリング台に接着剤でつける。

{ ITEM }

31

ミニチュア使いの
キッチュなアクセサリー

—— DESIGN ——

apple head

ミール皿にお好みのパーツを接着すれば、
小さな愛おしい世界のできあがり。ミニチュ
アパーツはフィギュアやカボション、ケーキ
トッパーなどを利用しています。

31 ミニチュア使いのキッチュなアクセサリー

材料

〔チャーム〕

レジン ······ 星の雫ハードタイプ／パジコ
セッティング ······ ミール皿（28mm）
ラメ ······ 星の欠片（パープル、ピンク、パール）／パジコ
パーツ ······ ミニフィギュア、ヴィンテージカボション、
　アクリルパーツ、無穴パールなど
つなぎ金具 ······ 丸カン
チャーム ······ メタルチャーム、タッセルなど

アクセサリー金具 ······ ニコイル（約35mm・スター、ハート）

〔リング〕

レジン ······ 星の雫ハードタイプ／パジコ
セッティング ······ ミール皿付きリング台（楕円18×13mm）
マスキングテープ ······ 白、好みの柄
パーツ ······ ミニフィギュア、ケーキトッパーなど

道具

基本の道具（p.8）、カッター、メラミンスポンジ

チャーム

1 作業用シートにセッティングを置き、パーツを仮置きして位置を決める。

2 レジンを少量入れ、全体に広げる。ラメを3色入れる。

3 調色スティックでラメをなじませる。

4 大きいものからパーツを置き、空いたスペースに無穴パールを散らす。ライトを照射して固める。

5 丸カンでニコイルにつなぎ、チャームに仕立てる。

リング

1 白のマスキングテープをセッティングに貼る。

> **POINT!**
> 柄がより際立つよう、白を敷いておく。

2 カッターでマスキングテープの余分な部分を皿に沿って切り取る。

3 柄のあるマスキングテープを同様に重ねて貼る。

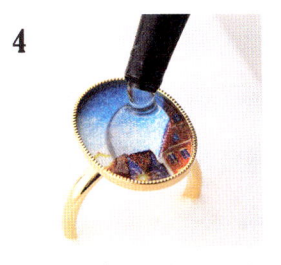

4 メラミンスポンジに切り込みを入れ、リングを差す。レジンを皿に入れる。

5 パーツ（写真はケーキトッパーの芯をカットして平らにしたもの）を置き、ライトを照射して固める。

ARRANGE

宇宙模様の背景に宇宙飛行士のミニフィギュアとメタルパーツ（星）を接着。

ストライプの背景に犬のカボションを接着。リボンパーツは硬化後に接着剤で貼る。

{ ITEM }

32

フリーハンドの
押し花ピアス

—— **DESIGN** ——

blingbling pumpkins

細ノズルを使うとペンのように
描きながらレジンを流せます。
フリーハンドならではの
優美なフォルムが新鮮です。

32 フリーハンドの押し花ピアス

材料

レジン …… 星の雫ハードタイプ /パジコ
封入パーツ …… 押し花、ラメ、ブリオン
カンパーツ …… つぶし玉(2〜3mmのうち好みのサイズ)
つなぎ金具 …… Cカン、丸カン、カン付きプレート
チャーム …… 半パール(10mm)
アクセサリー金具 …… ピアス・イヤリング金具(丸皿付き)

道具

基本の道具(p.8)、タッパー、
ノズルアタッチメント・細ノズル/パジコ、
ポンポンスタンド /パジコ、油性ペン

フレーム

1

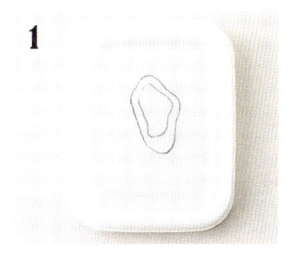

タッパーのフタの裏面に油性ペンで作りたい形を描く。

POINT!
ホールメイカーを使用してもよい。裏面に描くか、紙に描いてその上に重ねて使う。

2

タッパーの表面(レジンを流す面)をエタノールで拭く。拭かずに作業すると、レジンパーツのエッジがキザキザになってしまうので忘れずに。

3

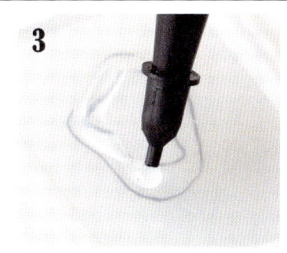

レジンに細ノズルを装着し、描いたラインに沿ってレジンを流す。ライトを照射して固める。

4

タッパーからはがしてポンポンスタンドにのせ、レジンを流す。

5

封入パーツ(押し花は細かくカットする)を配置し、ライトを照射して固める。

6

4〜5を繰り返す。好みの厚さになるようレジンを足し、ライトを照射して固める。

7

裏返す。裏にもレジンを流し、ラメをところどころに置き、ライトを照射して固める。

8

フレーム幅に合った内径の丸カンをつけてカン付きプレートにつなげ、イヤリングに仕立てる(p.53 **バイカラー** の6参照)。

プレート

1

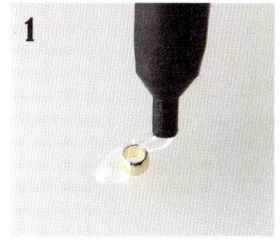

レジンパーツに金具を通すカンを作る場合は、つぶし玉を置いて周囲にレジンを流し、ライトを照射して固めておく。

2

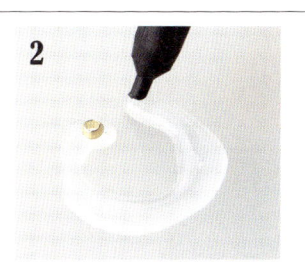

プレート状にする場合は周囲から作る。好きな形のフォルムのラインをレジンで描き、固める。

3

ラインの内側にレジンを薄く流し、プレート状にして固める。

4

タッパーからはがし、**フレーム** の4〜7と同様に作る。つぶし玉に丸カンをつけて丸プレートにつなげ、ピアスに仕立てる。

{ ITEM }

33

フリーハンドの
リボンアクセサリー

—— DESIGN ——

blingbling pumpkins

ソフトタイプのレジンに細ノズルをつけて作ります。
硬化後にひねってリボンに成形するので、
自然な立体感が魅力。
リボンの結び目は半パールをレジンで接着します。

33 フリーハンドのリボンアクセサリー

材料

レジン …… 星の雫ソフトタイプ、ハードタイプ /パジコ
接着パーツ …… 半パール(1.5mm、4mm)
封入パーツ …… ネイル用ホイル、箔
つなぎ金具 …… デザイン丸カン
アクセサリー金具 …… ネックレスチェーン、ピアス金具(芯立て)

道具

基本の道具(p.8)、タッパー、油性ペン、
　ノズルアタッチメント・細ノズル /パジコ、ルーター

PART.3 型がなくてもレジンさえあれば

1 タッパーのフタの裏面に油性ペンで円を描き(p.79 参照)、ソフトタイプのレジンに細ノズルを装着し、ラインに沿ってレジンを流す。

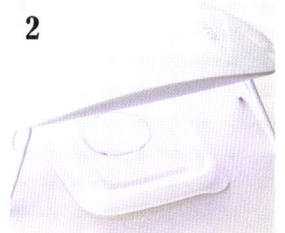

2 ライトを照射して固める。

3 レジンパーツをタッパーからはがし、8の字になるようにひねる。

4 マスキングテープで作った作業用シートにリボンの輪っかをくっつけるように置く。ハードレジンをリボンの交差部分につけ、ライトを照射して接着する。

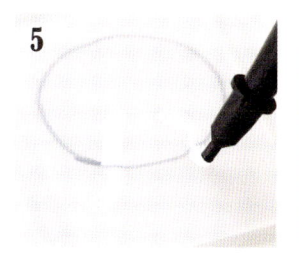

5 細ノズルをつけたソフトタイプのレジンでタッパーにリボンの足を2つ描き、ライトを照射して固める。

6 リボンの足を4に置き、重なり部分にハードレジンを塗り、ライトを照射して接着する。

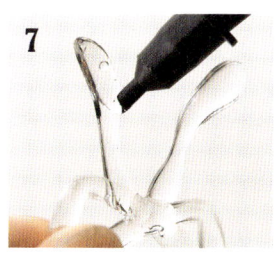

7 パーツごとにハードタイプのレジンを塗り足して固め、リボン全体を太くする。

8 パーツごとにハードタイプのレジンを塗り、半パール(1.5mm)をつけたらライトを照射して接着する。

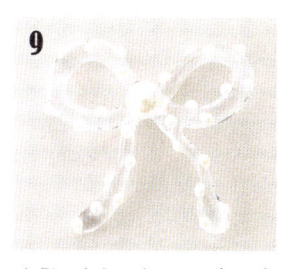

9 表側の中心に半パール(4mm)をレジンで接着する。ネックレスはデザイン丸カン2つをリボンの輪につけ、チェーンとつなぐ。

10 ピアスは、裏側にルーターで穴をあけ、接着剤をつけたピアス金具を刺す。

ARRANGE

リボンができたら、ハードレジンを塗って箔やネイル用ホイルを貼り、ライトを照射して接着する。

箔やネイル用ホイルを全体に貼ったら、レジンで全体をコーティングし、半パールをつける。

{ ITEM }

34

スクエアフレームのアクセサリー

—— DESIGN ——

apple head

メタルフレームの中に好きなパーツを接着します。
爪付きのビジューパーツを組み合わせて華やかに。
隙間なく敷き詰めたり、センターにギュッと寄せたり、配置もお好みで。

34 スクエアフレームのアクセサリー

材料（ピアス）

レジン …… 星の雫ハードタイプ／パジコ
フレーム …… メタルフープ・スクエア（16mm）
接着パーツ …… アクリルパーツ（マーキスカット・爪付き）、
　　メタルパーツ（リボン）、樹脂連爪、
　　ネイル用スタッズ、竹ビーズ（一分竹、二分竹）など
アクセサリー金具 …… ピアス金具（丸皿付き）

道具

基本の道具（p.8）

PART.3 型がなくてもレジンさえあれば

1 マスキングテープで作った作業用シートにフレームを置く。

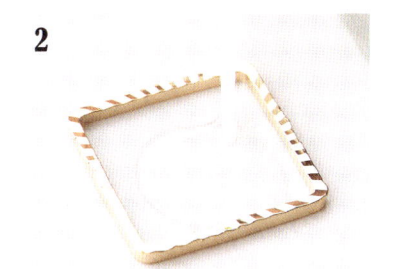

2 レジンをフレームの内側に少量入れ、全体に隙間なく広げる。

3 接着パーツを配置する。大きいパーツから配置していくとよい。

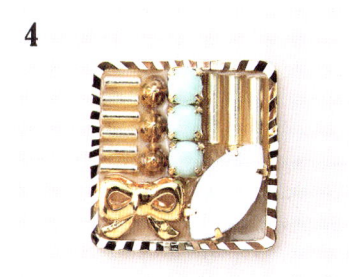

4 接着パーツをすべて配置したら、ライトを照射して固める。

5 硬化したら、裏面にレジンを流す。平らな状態で作業できるようにマスキングテープで高さを調整するとよい。

6 ピアス金具を中心に置き、レジンパーツと接している部分をレジンで覆うようにする。ライトを照射して固める。

7 できあがり。

爪付きラインストーンや無穴パールの接着パーツ（材料外）を中央に置き、固めたもの。ハットピン（材料外）を裏面につける。

爪付きラインストーンやスワロフスキー・クリスタルの接着パーツ（材料外）を中央に置き、固めたもの。ピンバイスなどで穴をあけ、丸カンでブローチ金具（材料外）につなぐ。

{ ITEM }

35

サークルフレームの押し花イヤリング

—— DESIGN ——

blingbling pumpkins

大人かわいいスモーキーカラーに押し花を閉じ込めたイヤリング。
着色レジンでは再現できないシックな色調は
アクリル絵の具で作ります。

36

サークルフレームのメタルピアス

—— DESIGN ——

blingbling pumpkins

丸いフレームに閉じ込められたチェーンと
フレームの外で自由に揺れるチェーン。
「静と動」の仕掛けが魅力です。

35　サークルフレームの押し花イヤリング

材料

レジン ……　星の雫ハードタイプ /パジコ
フレーム ……　ヒキモノリング（20mm）
着色料 ……　アクリル絵の具（好きな色）
封入パーツ ……　押し花
チャーム ……　コットンパール（8mm）
つなぎ金具 ……　丸カン、Ｔピン、メタルパーツ（デイジー）
アクセサリーパーツ ……　イヤリング金具（プレート・裏カン付き）

道具

基本の道具（p.8）、絵筆

1

マスキングテープで作った作業用シートにフレームを置く。

2

レジンをフレームの内縁に沿って1周流し、ライトを照射して固める。

3

レジンをフレームの残りの内側に入れ、ライトを照射して固める。

> **POINT!**
> 2回に分けてレジンを固め、レジンの収縮によるフレーム離れを防ぐ。

4

アクリル絵の具を筆にとり、レジンパーツに塗る。

> **POINT!**
> アクリル絵の具は水に溶かず濃度が高いままで塗り、マットな風合いにする。

5

絵の具を乾かす。

6

レジンを少量流して全体に広げ、押し花を配置する。

7

レジンを押し花の上に流す。中央がぷっくりと盛り上がる程度になったらライトを照射し、固める。

8

レジンパーツのできあがり。

9

コットンパールとメタルパーツにTピンを通して丸め、丸カンでイヤリング金具につなげる。レジンパーツを接着剤で貼る。

36 サークルフレームのメタルピアス

PART.3 型がなくてもレジンさえあれば

材料

レジン ……星の雫ハードタイプ /パジコ
フレーム ……ヒキモノリング（17mm、12mm）
封入パーツ ……メタルチェーンなど
チャーム ……メタルチェーン、メタルパーツ、
　連爪ダイヤレーンなど
つなぎ金具 ……三角カン
アクセサリーパーツ ……ピアス金具（丸皿付き）

道具

基本の道具（p.8）、ルーター

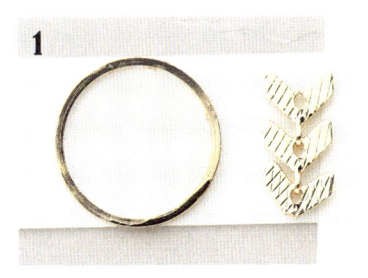

1

フレームにレジンを流し入れ（p.86 1〜3）、ライトを照射して固める。メタルチェーンをフレーム内に収まるようにカットする。

2

レジンを少量流して全体に広げ、メタルチェーンを配置する。

3

レジンをメタルチェーンの上に流す。中央がぷっくりと盛り上がる程度になったらライトを照射し、固める。

4

硬化したレジンパーツを裏返して作業用シートに置き、裏面にレジンを流す。ライトを照射しく固める。

POINT!
マスキングテープに接していた面は曇るので、レジンコーティングをする。

5

ルーターで穴をあけ、好きな長さにカットしたメタルチェーンを三角カンでつなぐ。ピアス金具を接着剤でつける。

ARRANGE 1

星のメタルパーツを封入する。

ARRANGE 1

星のメタルチェーンを三角カンでつなぐ。

ARRANGE 2

連爪ダイヤレーンの場合はカットせず、フレームに合わせた個数分を詰める。

連爪の上にフレームを重ね、レジンをフレームの内側に流し、ライトを照射して固める。裏面にもレジンを流し、固める。

37

アクリルパーツを
使ったペイントピアス

—— DESIGN ——

blingbling pumpkins

ピアス金具に半パールをつけ、
ポストにレジンパーツを通して使います。
レジンパーツは耳の前でも後ろでもどちらでもお好みで。
市販のアクリルパーツを利用して簡単に。

37 アクリルパーツを使ったペイントピアス

材料

レジン ⋯⋯ 星の雫ハードタイプ /パジコ
ベースパーツ ⋯⋯ アクリルパーツ・ラウンド1穴(25mm)
着色料 ⋯⋯ アクリル絵の具(好きな色)
ラメ ⋯⋯ 星の欠片(シルバー) /パジコ
チャーム ⋯⋯ 半パール(12mm)
アクセサリーパーツ ⋯⋯ ピアス金具(ロングポスト・丸皿付き)

道具

基本の道具(p.8)、ステンシルブラシ

PART.3 型がなくてもレジンさえあれば

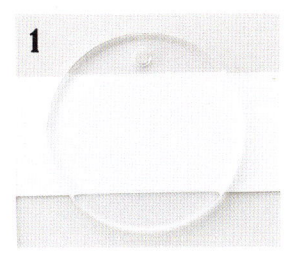

1 マスキングテープで作った作業用シートの上にアクリルパーツを置く。

2 アクリル絵の具をクリアホルダーに出す。

3 ステンシルブラシに絵の具をとり、筆の先で叩くようにして模様をつける。

4 模様をつけたら、絵の具を乾かす。

ARRANGE

楊枝などでドット状に絵の具を置き、クリアホルダーを重ねて押して模様をつけたもの。

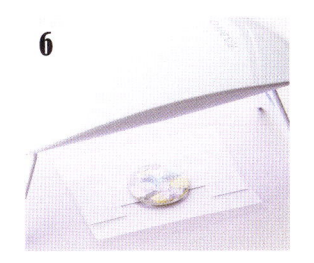

5 レジンにラメを混ぜ、ところどころにラメ入りのレジンを置く。

6 ライトを照射して固める。

7 レジンを表面全体に流し、ライトを照射して固め、コーティングする。アクリルパーツの穴をふさがないよう注意。

8 半パールにピアス金具のロングポストを接着剤でつける。

9 レジンコーティングしたパーツにロングポストを通す。

{ ITEM }

38

ハメパチ使いのチャーム

—— DESIGN ——

blingbling pumpkins

バッグやポーチにつけるだけでグンと気分が上がる
ポップでグラマラスなチャーム。
アルファベットの文字はレジン使いのオリジナルパーツです。

38 ハメパチ使いのチャーム

材料

レジン …… 星の雫ハードタイプ /パジコ
ベースパーツ …… ハメパチ・丸形(25mm、31mm)、
　長方形(70×24mm)
つなぎ金具 …… 丸カン
アクセサリーパーツ …… カラビナ丸線

コンフェッティ

封入パーツ …… ホログラム、ラメ、セロハン、
　オーロラ、折り紙、パールカラー折り紙など

アルファベット

封入パーツ …… シールやプリントされたフォント文字
着色料 …… ラメ、グリッターラメ

道具

基本の道具(p.8)、ポンポンスタンド /パジコ、
　ノズルアタッチメント・細ノズル /パジコ、カッター

コンフェッティ

1
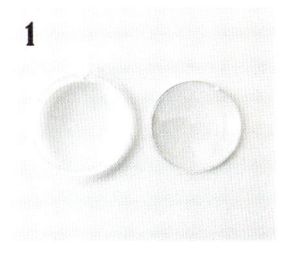
ベースパーツのハメパチのふたを外す。ふたは使わない。

2

ベースパーツにレジンを1/3程度の深さまで入れ、細かくカットした折り紙やホログラム、ラメを入れ、ライトを照射して固める。

3

ベースパーツの縁から1mm下の高さになるまで、2を繰り返す。一気にレジンを入れると気泡ができやすいので注意。最後にレジンを縁まで入れて固める。

アルファベット

1

クリアファイルの上に封入パーツ(文字)を置く。レジン容器に細ノズルをつけ、文字の上をなぞるようにレジンを流す。

2

調色スティックでラメを取り、1に振りかける。ライトを照射し、固める。

3

余分なラメを払って取り除き、文字からはみ出たレジンをハサミでカットする。1〜3を繰り返し、厚みを出す。

4

裏返し、表と同様に1〜3を繰り返し、ラメをつける。

5

ベースパーツに入れる文字や形を作る。

6

文字の配置を確認してから、ベースパーツにレジンを1/2程度の深さまで入れ、文字を置く。

7

ベースパーツの縁までレジンを入れ、ライトを照射し、固める。丸カンでカラビナ丸線につなぐ。

ARRANGE

長方形のハメパチで作ったもの。大きいサイズの場合は、レジンは2回に分けて固める。

ふたを利用して作ったもの。カンがないので、ルーター(道具外)で穴をあけて丸カンを通す。

アクセサリーの
仕立て方の基本

レジンパーツができたら、ネックレスやピアスなどに加工します。
ここで、基本的な工具や金具の使い方を覚えておきましょう。

■ 仕立て方の例

接着する

レジンパーツにアクセサリー金具を直接貼る。金具やレジンを接着できる多用途接着材でつける。

※一部の作品はレジンで接着できるものもあります。

通す

レジンパーツのカンや穴にチェーンやフープピアスなどを通す。

つなぐ

レジンパーツのカンや穴に丸カンなどのつなぎ金具を使ってアクセサリー金具につなぐ。

■ 基本の工具

| 平ヤットコ |

先端が平たく細い。カンの開閉や金具を挟むときに使う。

| 丸ヤットコ |

先端が細く丸い。ピンを丸めるときに使う。

| ニッパー |

切る専門の工具。金具やチェーンをカットするのに使う。

■ 基本の金具

つなぎ金具

| ヒートン |

レジンパーツに刺し込み、ほかのパーツとつなぐもの。

| ピン |

ビーズやレジンパーツに通し、先端を丸めてカン（輪）を作る金具。左からデザインピン、9ピン、Tピン。

| カン |

パーツ同士をつなぐ接続金具。左から時計回りに、デザインカン、ニコイル（二重カン）、丸カン、Cカン。

留め金具

ネックレスやブレスレット用の留め金具。左からマンテル、カニカン、ヒキワ。

アクセサリー金具

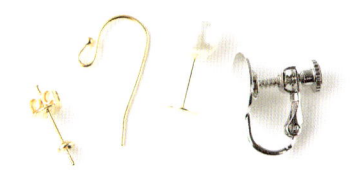

| ピアス・イヤリング金具 |

レジンパーツに直接貼って使う丸皿付き、つなぎ金具で通して仕立てるカン付きなどデザインが豊富。

| ブローチ金具・ハットピン |

ブローチ用の金具。カン付きのものや貼付用の丸皿付きのものなどから選ぶ。

| ネックレスチェーン・チェーン |

好きな長さにカットして使うチェーンや、留め金具付きのネックレスやブレスレットの専用チェーンもある。

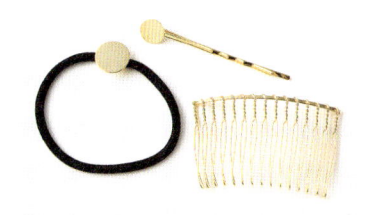

| ヘアアクセサリー金具 |

丸皿付きのゴムやヘアピン、コームなど。ヘアアクセサリー用の専用金具。

| チャーム用金具 |

キーホルダーやバッグチャームなどを作るときに使う専用金具。

■ 工具の使い方

丸カンの開閉

1

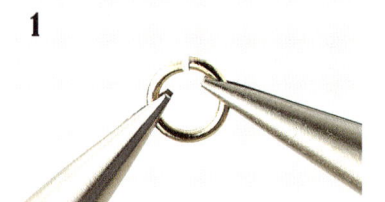

ヤットコ2本で丸カンを挟む。

2

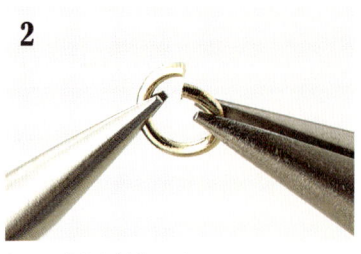

切れ目部分を前後にずらすようにしてカンを開く。閉じるときも同様にする。

NG!

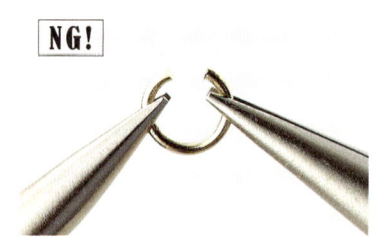

左右に開いてはダメ。きれいに閉じられないだけでなく、強度も下がる。

チェーンのカット

| ダイヤレーン |

使用する連爪のストーンのキワでチェーンをニッパーでカットする。

| チェーン（細） |

チェーンのコマの1つをニッパーでカットする。

| チェーン（大） |

チェーンのコマが大きいものは丸カンの開閉の要領で切れ目をずらして外す。

ピンの先を丸める（輪、カンを作る）

1

ピンをビーズに通し、ビーズに接するところで直角に曲げる。

2

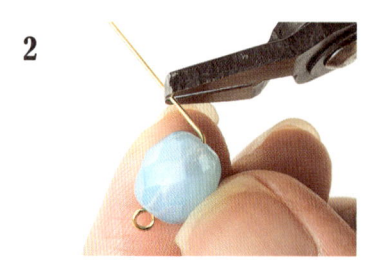

曲げたところから7～8mm残し、ニッパーでカットする。

3

ピンの先端を丸ヤットコで挟み、手首を返すようにして丸める。

4

丸めたところ。

5

輪が水平になるように整える。9ピンの場合、両端の輪が「S」字の方向になるように丸めるとよい。

レジンのアクセサリー作りを楽しめる

パジコのジュエルラビリンス

レジン

UV-LEDレジン
星の雫
[ハードタイプ]

25g / ¥1,500（税別）
※経済的な詰め替え用(100g、
200g、500g)もあります。

UV-LEDレジン
星の雫
[ソフトタイプ]

25g / ¥1,500（税別）

ライト

UV-LEDハンディライト

対応波長：LED
405nm、紫外線
LED 365nm /
¥1,300（税別）

型

ソフトモールド
[丸プレート]

PP製 / ¥800（税別）

ジュエル モールド ミニ
[パーツ]

PP製 / ¥650（税別）

シリコーンモールド
[球体]

シリコーン製
20mm　¥1,500（税別）
16mm　¥1,400（税別）

ホールメイカー

シリコーン製 / ¥1,200（税別）

着色料

レジン専用着色料
宝石の雫

各10ml / 単品（全12色）
各 ¥480（税別）

レジン専用着色料
宝石の雫
（パールシリーズ）

各10ml / 単品（全12色）
各 ¥540（税別）

ツール

調色パレット

PP製 / ¥380（税別）

調色スティック

スプーン&ヘラ1本、ニードル&
ヘラ1本 / POM製 / ¥380（税別）

ノズルアタッチメント
細ノズル&ヘラ

細ノズル2本、ヘラ1本 /
PP製 / ¥380（税別）

宝石の雫専用 ポンポン
アタッチメント

アタッチメント、キャップ、バフ（小、大）
¥480（税別）

問い合わせ

株式会社パジコ

〒150-0001
東京都渋谷区神宮前1-11-11
グリーンファンタジアビル607

TEL：03-6804-5171
FAX：03-6804-5172
ホームページ
https://www.padico.co.jp

このページで紹介している
商品、および本書で紹介さ
れている材料や道具のうち
［パジコ］の表記があるもの
は、パジコホームページ内
のオンラインショップで購
入できます。

※商品情報は2019年
4月時点のものです。

PROFILE

a.k.b.

アクセサリー・雑貨作家の3人で結成されたユニット。レジン以外にも粘土やビーズ、布などを組み合わせるアクセサリーも得意。a.k.b.のユニット名は3人のブランド名の頭文字。作品の販売をはじめ、ワークショップや教室での講師など広く活動中。著書に『UVレジンだからできる大人ジュエルなアクセサリー』『UVレジンのモードかわいいアクセサリー』『UVレジンの大人ときめくアクセサリー』『UVレジンの大人おしゃれなアクセサリー』『a.k.b.のいちばんわかりやすいUVレジン教室』(すべて小社)がある。

apple head

サダミホが主宰するブランド。ジャンルや素材を問わないフェティッシュなスタイルのアクセサリーや雑貨作品を制作販売。講座やワークショップなどの講師としても活動している。著書に『ディズニーレジンアクセサリー』(ブティック社)がある。

https://applehead6.exblog.jp

キムラプレミアム

木村純子が主宰するブランド。日本だけでなく台湾での商品販売、雑誌掲載など活動の場を広げている。著書に『キムラプレミアムのUV&LEDレジン使いこなしBOOK』(主婦の友社)がある。

http://kimurapremium.blog74.fc2.com

blingbling pumpkins

白井由紀が主宰するブランド。イベント等での作品展示、結婚式場小物デコレーションを手がけ、アクセサリーから大型作品まで幅広く制作・活動している。著書に『UVレジン学習帖』(講談社)がある。

http://blingblingpumpkins.com

STAFF

写真	松永直子	小物協力	AWABEES
スタイリング	大島有華	材料協力	レジン材料、道具等
デザイン	田山円佳(スタジオダンク)		株式会社パジコ
編集	村松千絵(Cre-Sea)		tel.03-6804-5171　https://www.padico.co.jp

両面シール
　株式会社イングカワモト
　「Resin club」
　tel.052-241-3825　http://www.resin-club.com

かんたんなのにおしゃれにできる!
レジン 魔法のテクニックBOOK

2019年4月20日　初版印刷
2019年4月30日　初版発行

著　者　a.k.b.
発行者　小野寺優
発行所　株式会社河出書房新社
　　　　〒151-0051　東京都渋谷区千駄ヶ谷2-32-2
　　　　電話　03-3404-1201(営業)
　　　　　　　03-3404-8611(編集)
　　　　http://www.kawade.co.jp/

印刷・製本　図書印刷株式会社

Printed in Japan
ISBN978-4-309-28730-0